ELKE WORG

Herzwärts

ELKE WORG

Herzwärts

SPIRITUALITÄT IN DER MITTE DES LEBENS

HERDER

FREIBURG · BASEL · WIEN

© Verlag Herder GmbH, Freiburg im Breisgau 2019
Alle Rechte vorbehalten
www.herder.de

Satz: Carsten Klein, Torgau
Herstellung: CPI books GmbH, Leck

Printed in Germany

ISBN Print 978-3-451-38288-8
ISBN E-Book 978-3-451-81560-7

Inhalt

*Der Mensch soll sich bei Tag oder in der Nacht
eine Zeitspanne nehmen, in der er sich
in seinen Grund senken kann.*

Johannes Tauler (1300–1361)

Einstimmung

Es ist erstaunlich: Es gibt eine Spiritualität für Frauen, für Männer oder für den Alltag, aber eine Spiritualität für die »besten Lebensjahre« sucht man bisher vergeblich. Dabei zeigt das Interesse an spirituellen Angeboten jedweder Art, dass es auch und gerade Menschen in der Lebensmitte sind, die feststellen, dass die alten Konzepte und Gewissheiten nicht mehr tragen. Die Distanz zur verfassten Kirche wächst. Mit steigendem Alter kommt eben nicht mehr zwangsläufig der Psalter. Umfragen zufolge bezeichnen sich viele ältere Menschen ausdrücklich als spirituell und nicht als religiös. Mit den Jahren wurden die Zweifel an ihrer eigenen religiösen Sozialisation und am kirchlichen Glauben immer größer und sie haben sich ernsthaft auf die Suche gemacht nach dem, was uns laut Paul Tillich, dem bekannten Theologen und Religionsphilosophen des 20. Jahrhunderts, »unbedingt angeht«. Ohnehin stammen viele heute ältere Menschen aus einer Zeit, in der sie gelernt haben, Gesellschaft, Politik und Kirche kritisch zu hinterfragen. Sie lassen sich nicht mehr vorschreiben, was und wie sie zu glauben haben. Gleichwohl ist die Sehnsucht groß, sich nicht nur im Diesseits, sondern auch im Jenseits zu verorten. Nicht immer bedeutet dies, dass Menschen ihren Glauben komplett über Bord werfen und sich einer völlig neuen Religion zuwenden. Viele setzen sich intensiv mit ihrer Herkunftsreligion auseinander und ergänzen diese aus dem großen Schatz der spirituellen Traditionen dieser Welt. Mehr noch: Sie entdecken die Spiritualität dort, wo man sie nicht auf Anhieb vermuten würde – inmitten des profanen Alltags.

Die intensive Auseinandersetzung mit dem Woher, Wohin und Warum ihres Lebens – dem Sinn des eigenen Daseins – beginnt bei den meisten Menschen, wenn sie um die fünfzig sind. Das ist nach heutigem Verständnis die Zeit der Lebensmitte. Sie rückt immer weiter nach hinten. Noch in den 1970ern verstand man darunter die Phase zwischen dem dreißigsten und vierzigsten Lebensjahr. Der Eintritt in die zweite Lebenshälfte hält allerdings jede Menge Überraschungen für uns bereit. Da sind zum einen die körperlichen Veränderungen, die sich bis zu einem gewissen Grad leugnen lassen. Doch es ist nicht nur die Gleitsichtbrille, an die wir uns langsam gewöhnen müssen. Probleme ganz anderer Art können unser Leben gewaltig durcheinanderwirbeln: Beziehungen zerbrechen und werden neu geknüpft. Die eigenen Eltern werden pflegebedürftig, während die Kinder noch nicht mit Schule und Ausbildung fertig sind. Oft gehen die privaten Schwierigkeiten auch mit beruflichen Problemen einher. Die Midlife-Generation kämpft an allen Fronten. Das muss natürlich nicht so sein. An einigen Menschen scheint die Zeit der Lebensmitte sogar spurlos vorüberzugehen. Wieder andere machen in dieser Zeit »nur« oder auch gepaart mit anderen Veränderungen eine spirituelle Wandlung durch. Mag auch die körperliche Fitness nachlassen – die seelische Gesundheit kann dieses Manko in der zweiten Lebenshälfte ausgleichen. Spirituelle Menschen sind nachweislich gelassener und zufriedener.

Spiritualität und Achtsamkeit liegen schon seit vielen Jahren im Trend. Es handelt sich dabei um sogenannte Megatrends, um langfristige Entwicklungen also, die viele Lebensbereiche prägen. Spiritualität ist zu einem wichtigen Wirtschaftsfaktor geworden. In nationalen und internationalen Unternehmen werden ManagerInnen mit spirituellen Führungstechniken vertraut gemacht. Inspirieren sollen sie ihre Mitarbeiter, nicht nur motivieren. Damit sie charismatische, überzeugende Persönlichkeiten werden, dürfen sie auf Firmenkosten Zen-Meditation, Achtsames Sprechen oder Kriya-Yoga erlernen. Je bedeutungsvoller das Unternehmen, desto namhafter und teurer sind die engagierten TrainerInnen. Natürlich lässt sich das auch auf eigene Faust organisieren. Und das tun viele Menschen. Achtsamkeitstraining ist nicht nur aus beruflichen Gründen gefragt. In Deutschland gibt es mehr als 5000 Yoga-Studios – Tendenz steigend. Yoga wird inzwischen für alle Altersgruppen angeboten. Allerdings haben viele Kurse mit dem Kerngedanken des Yoga nur noch wenig zu tun. Die Reduzierung auf die körperlichen Übungen werden dem ganzheitlichen Konzept nicht gerecht. Nicht alle TeilnehmerInnen gelangen automatisch zu spiritueller Reife, nur weil sie gelernt haben, auf einem Bein zu stehen.

Auch der Tourismusindustrie beschert die Spiritualität volle Kassen. Pilgerfahrten, Klosterurlaub und spirituelle Wellnessreisen erfreuen sich in der Branche großer Beliebtheit. Wer lieber im World Wide Web unterwegs ist, braucht nur das verwirrende Überangebot der Online-Shops nach spirituellen Artikeln zu durchforsten. Neben Ratgebern, Räucherstäbchen, Klangschalen und Power-Armbändern werden dort die wunderlichsten Dinge angeboten. Schnell wird deutlich, dass sich offenbar auch hier mit dem Seelenheil gut verdienen lässt. Zwischen 15 und 20 Milliarden Euro verschwinden jährlich in den Kassen der Esoterik-Branche. Womit wir schon bei der Frage wären, ob es einen Unterschied zwischen Esoterik und Spiritualität gibt oder ob – wie manche Zeitgenossen meinen – Spiritualität gar dasselbe wie Esoterik ist. Wir werden uns noch näher damit beschäftigen.

Es ist völlig normal, dass in der Lebensmitte alte Strukturen zu bröckeln beginnen. Dann, wenn Lebensentwürfe scheitern, unerlässliche Abschiede vollzogen werden müssen und das Reifwerden als ein notwendiger Prozess der persönlichen Entwicklung begriffen wird, kann eine bewusst gelebte Spiritualität dazu beitragen, dass das »Leben in der Dimension der Tiefe« erfahrbar wird, von der der Theologe Paul Tillich ebenfalls sprach. Ein Glaube ohne Scheuklappen kann zu innerer Freiheit führen und neue Energie verleihen. Er kann allerdings auch – das soll hier keineswegs verschwiegen werden – in Abhängigkeit und Gebundenheit münden. Menschen in der zweiten Lebenshälfte sollten aber aufgrund ihrer gewonnenen Lebenserfahrung nicht so leicht zu verführen sein wie junge Menschen. Manchmal findet man allerdings auch erst über spirituelle Umwege zu einer Spiritualität, die für den Einzelnen passend ist, wobei sich viele häufig an ihrer Ausgangsreligion orientieren. Dieses Buch ist deshalb kein Leitfaden für die »richtige« oder »falsche« Art zu glauben. Es zeigt, dass es in der Lebensmitte zu einer spirituellen Wandlung kommen und wie diese bewusst wahrgenommen werden kann, sodass der Einzelne gestärkt, bereichert und verwandelt aus dieser Zeit hervorgeht.

Für den spirituellen Wandlungsprozess in der Lebensmitte gibt es kaum einen kompetenteren Wegkundigen als den Mystiker Johannes Tauler. Er wird uns durch dieses Buch begleiten.

Johannes Tauler wurde um 1300 in Straßburg geboren und kam aus einer begüterten Familie. Noch sehr jung trat er in den Dominikanerorden ein. Bis auf seinen Todestag am 16. Juni 1361 sind uns seine genauen Lebensdaten nicht überliefert. Und so wissen wir auch nicht, wie lange er studierte und wann er zum Priester geweiht wurde. Die anspruchsvolle Ausbildung des Dominikanerordens umfasste sieben bis acht Jahre. Das vollständige Studium absolvierte Tauler mit Sicherheit nicht, da man damals dringend Prediger und Seelsorger benötigte. Er wurde von seinen Ordensoberen dazu bestimmt, diesen Dienst auf Lebenszeit vor Bürgern und vor allem in den zahlreichen Frauenklöstern zu verrichten. Dafür reichte ein reduzierter Studienumfang aus.

Tauler war zweifellos von Meister Eckhart inspiriert, der sich längere Zeit in Straßburg aufhielt. Im Gegensatz zu vielen anderen Zeitgenossen verstand Tauler, um was es dem »liebwerten Lehrer« ging, der bei der Inquisition verklagt wurde: »Er sprach aus dem Blickwinkel der Ewigkeit, ihr aber fasst es der Zeitlichkeit nach auf« (Predigten I, 103), warf er seinen ZuhörerInnen vor. Er griff Eckharts Lehre auf und baute dessen Gedankengebäude noch weiter aus. Im Gegensatz zu Eckhart hat Tauler seine eigenen Gedanken nie aufgeschrieben. Das taten andere, so dass uns mehr als achtzig seiner Predigten überliefert sind.

Während des politischen Machtkampfes zwischen Kaiser und Papst mussten die Dominikaner Straßburg verlassen. Tauler hielt sich mit seinem Konvent daher für etwa zehn Jahre in Basel auf. Um 1347 kehrte er nach Straßburg zurück. Häufig begab er sich auf Reisen, was möglicherweise mit einer neuen Ordensregelung zusammenhing, nach der die Dominikaner ihren Lebensunterhalt selbst verdienen mussten. Einer Überlieferung zufolge erkrankte Tauler im Frühjahr 1361 und wurde bis zu seinem Tod im Gartenhaus der Dominikanerinnen von Straßburg gepflegt. Vermutlich lebte dort seine leibliche Schwester als Nonne. Im Kreuzgang des Klosters fand er seine letzte Ruhe. Sein Grabstein blieb bis heute erhalten und befindet sich im Temple Neuf.

Tauler war fest davon überzeugt, dass der spirituelle Wandlungsprozess um die vierzig beginnt. Eigentlich aber sei keinem »vor den fünfziger Jahren zu trauen«. Dann nämlich habe der Mensch erst die nötige Reife, um zu seinem Seelengrund vorzudringen. Eine gelungene Neuorientierung, der »Durchbruch«, könne nur von dort aus erfolgen, so Tauler.

Spiritualität, in welchem Gewand sie auch daherkommen mag, ist mehr als eine Laune des übersättigten modernen Menschen. Sie ist ihm ein Bedürfnis. Eine Notwendigkeit. An den Wendepunkten unseres Lebens suchen wir verstärkt nach Halt, der paradoxerweise im Nicht-Fassbaren liegt. Nie aber ist die Sehnsucht nach einem Stabilisator größer als in der Mitte unseres Lebens. Der Weg in die zweite Lebenshälfte kann zu einer erfüllenden Spiritualität führen. Doch dazu müssen wir uns auf eine längere Reise machen. Eine spannende Reise mit lohnendem Ziel: Herzwärts.

Noch eine Anmerkung zu den folgenden Texten: Spiritualität ist etwas sehr Persönliches. Nicht jeder möchte sein Herz auf den Marktplatz tragen. Sofern keine ausdrücklichen Quellenverweise genannt werden, stammen die Zitate in diesem Buch aus Interviews mit der Autorin. Die Namen wurden geändert und auf ein Kürzel reduziert. Ausgenommen sind Menschen, deren Entwicklung in Bezug auf ihre Spiritualität zu einer neuen Lebensaufgabe geführt hat, mit der sie anderen helfen möchten. In diesem Fall wird der richtige und vollständige Name genannt und es erfolgt gegebenenfalls ein Link zu ihrer Internetseite.

Teil I:

Abbrüche

»Wie in der Bibel gingen mir die Augen auf, wenn auch über Monate und Jahre. Und die Methode hieß: zerbrechen lassen. Von Gott in eine liebevollere Existenz hinein.« So beschreibt Frau R. den Wandel ihrer religiösen Entwicklung. Aufgewachsen in einem katholischen Elternhaus, lebte sie als Kind »intensiv mit Kirchengesängen und dem Kirchenjahr, wenn auch unbewusst«. Selbst im Erwachsenenalter nahm der katholische Glaube in ihrem Leben breiten Raum ein. Da war die Liturgie, »die mich immer erdete und mir den Gefühlsbezug gab. Meine Spiritualität war rückwärtsblickend konventionell mit ersten Tastversuchen, mich Gott über das schulisch Erlernte hinaus zu nähern.«

Jedem Neuanfang, auch dem spirituellen, muss notwendigerweise ein Abschied vorausgehen. Dieser kann unterschiedliche Formen annehmen, also dramatisch verlaufen oder in aller Stille. Es kann sein, dass man seine religiösen Wurzeln komplett ausreißt und sich etwas völlig Neuem zuwendet. Niemals aber ereignet sich in der Lebensmitte eine spirituelle Wandlung als Bruch, quasi von heute auf morgen. Das gibt es in nur in der Jugend. Aus einer Laune heraus, vielleicht aus Neugier, manchmal auch aus Protest gegenüber ihrer religiösen Sozialisierung wenden sich junge Menschen mitunter alternativen Spiritualitätsformen zu. Die Spiritualität der Lebensmitte hingegen ist an den Reifeprozess gekoppelt, den der Schweizer Psychiater und Psychologe C. G. Jung als Individuation oder Selbst-Werdung bezeichnet hat. Was er damit meinte, beschrieb er einmal so: »Der bisher stark nach außen gewandte Mensch tritt den Weg nach innen an. In der Reife finden Bewusstsein und Unbewusstes eine neue Verbindung, die Beziehungen zur äußeren und inneren Welt kommen zum Einklang.«

Keine Zeit ist besser für die Auseinandersetzung mit spirituellen Fragen geeignet als die Lebensmitte. Mit einem Mal dämmert uns, dass unser Leben endlich ist. Wie viel Zeit bleibt noch? Was möchten wir verändern? Welchen Sinn wollen wir unserem Leben geben?

Früher sprach man in diesem Zusammenhang häufig von der Midlife-Crisis. WissenschaftlerInnen nennen es heute lieber eine »kritische Zeit der mittleren Jahre«. Denn die Phase der Neuorientierung in der Lebensmitte hängt von zahlreichen Faktoren ab und wird sehr individuell erlebt. Natürlich lässt sich nicht leugnen, dass diese Umbruchzeit ihre Tücken hat. Als junger Mensch können wir davon ausgehen, dass die Zeit, die als unsere Zukunft vor uns liegt, viel länger ist als unsere Vergangenheit. Irgendwann wird uns jedoch bewusst, dass sich dieses Verhältnis langsam umkehrt. Unser Kontingent an noch verbleibenden Jahren schrumpft. Unser letzter Erdentag ist uns plötzlich viel näher als der Tag unserer Geburt. Das zu erkennen und zu akzeptieren ist nicht unbedingt beglückend, aber der erste Schritt auf dem Weg zu (spiritueller) Reife. Allein die Tatsache, dass wir uns unserer eigenen Endlichkeit bewusst werden, ist ein symbolischer Tod. Denn auch im übertragenen Sinn muss unser Ich erst sterben, bevor wir zu neuen Ufern aufbrechen können. Wie bei einem richtigen Tod ist auch dieser Prozess mit Trauerarbeit verbunden, der wir uns nicht verweigern sollten. Nicht nur unsere eigene Vergänglichkeit, sondern auch der hinter uns liegende Weg samt allen Höhen und Tiefen muss betrauert werden. Viele Menschen empfinden diese Zeit als besonders schwierig, manche sogar als bedrohlich.

Im Wandel ihrer Religiosität atmen viele ältere Menschen aber auch zum ersten Mal geistliche Freiheit. Herr W. hat das so erlebt. Geprägt von der Aufbruchsstimmung nach dem Zweiten Vatikanischen Konzil engagierte er sich in seiner Heimatstadt im Rheinland von Anfang an stark in der katholischen Kirche. Er widmete sich der Jugendarbeit und der Lebenshilfe. Und er studierte Theologie, weil er hoffte, in der Kirche etwas verändern zu können. Denn verändern musste sich seiner Meinung nach etwas. Die Hierarchien störten ihn. Außerdem waren Herr W. und seine Frau schon damals der Auffassung, dass der Glaube ins Leben hineingehört, mitten in den Alltag. In der Katholischen Integrierten Gemeinde in München glaubten sie zu finden, wonach sie suchten: »Wir hatten den Eindruck, diese Leute könnten wirklich etwas bewegen. Und dann war da noch die Faszination des gemeinsamen Lebens in diesen Integrationshäusern und Wohngemeinschaften, die sich unter dem Aspekt des Glaubens gefunden hatten. Das hat ja auch lange Zeit gut funktioniert.«

Die Geschichte der Katholischen Integrierten Gemeinde begann Ende der 60er-Jahre. Damals hatten drei Menschen eine Vision: der wohlhabende Tölzer Anwalt Herbert Wallbrecher, seine Frau und der spätere Kardinal von Paderborn, Josef Degenhardt. Sie wollten eine Gemeinschaft gründen, die so lebte, wie es in der Bibel geschrieben steht: »Alle aber, die gläubig geworden waren, waren beieinander und hatten alle Dinge gemeinsam« (Apg 2,44). Nicht anderen predigen, sondern den Glauben vorleben, lautete das Credo der Integrierten Gemeinde. Manche verkauften sogar Hab und Gut, um die neue Lebensform finanziell zu unterstützen. Die Gemeinde gründete einen eigenen Schulverband und eine

Krankenstation. Natürlich war die neue Glaubensgemeinschaft nicht unumstritten, doch sie stand unter dem besonderen Schutz Josef Ratzingers, der sie auch als Papst Benedikt XVI. weiterhin förderte. Fast fünfzehn Jahre verbrachten Herr W. und seine Familie in der Integrierten Gemeinde. Drei Kinder wurden dort groß. Doch dann setzte ein schleichender Ablösungsprozess ein. Herr W. musste erkennen, dass er ein zu idealistisches Bild gehabt hatte. Die Strukturen waren nicht demokratisch genug. Ein Miteinander auf Augenhöhe gab es nicht. Als sich die Gemeindeleiter dann auch noch in die Beziehungen der erwachsenen Tochter einmischten, kam es zum endgültigen Bruch mit der Gemeinschaft.

In fast allen Religionen dieser Welt kennt man die Idee, dass es lange vor dem leiblichen Tod eine Art seelischen Tod gibt, den wir durchschreiten müssen, um bereit für eine neue Lebensphase zu sein. Deswegen gibt es so viele Mythen, die sich um Tod und Wiedergeburt drehen. Das symbolische Totsein kann sich tatsächlich anfühlen wie eine Reise in die Unterwelt, die viele Helden in diesen Mythen antreten müssen. Vielleicht sind die verschiedenen Übergänge unseres Lebens so etwas wie eine Vorbereitung auf das große Finale – damit wir sterben lernen. »Von der Lebensmitte an bleibt nur der lebendig, der mit dem Leben sterben will«, sagte C. G. Jung. »Werden und Vergehen ist dieselbe Kurve« (Werke 8, 466).

Die große Chance der Lebensmitte besteht darin, die Erfahrungen der Vergangenheit in der Gegenwart zu bündeln und sie als eine Art Treibstoff für die Zukunft zu nutzen. Wir müssen nicht krampfhaft an Überzeugungen festhalten, nur weil wir diese schon vor dreißig Jahren vertreten haben.

Grundsätzlich liegt der große Vorteil unserer säkularisierten Gesellschaft darin, dass sie toleranter geworden ist. Immerhin ist es in einem freien Land wie Deutschland möglich zu glauben, was man will, solange man nicht aufgrund seiner religiösen Überzeugung strafbare Handlungen begeht. Niemand kann mehr von Kirche oder Staat wegen seines Glaubens verfolgt werden. Und wir sollten auch alles tun, damit das so bleibt. Religiös oder spirituell zu sein ist im Gegensatz zu früheren Zeiten keine Selbstverständlichkeit mehr, sondern eine Möglichkeit. Und wer glaubt, an wen oder was auch immer, ist sich heutzutage auch bewusst, dass es zahlreiche Alternativen gibt. Zwar wird gerade von kirchlicher Seite die zunehmende Verweltlichung gern beklagt und leider auch einseitig dargestellt. Säkularisierung kann jedoch nicht unbedingt mit dem Verlust jeglicher Religiosität in Verbindung gebracht werden. Eher hat die Säkularisierung zur Folge, dass Spiritualität in ihrer Vielfalt wahrgenommen und gelebt wird. Auch die Tatsache, dass die Mitgliederzahlen der Kirchen in Deutschland seit Jahren rückläufig sind, ist kein Beweis dafür, dass die Menschen religionslos geworden sind.

Etwa acht Millionen Mitglieder haben die beiden Volkskirchen in Deutschland seit der Jahrtausendwende verloren. Die Gründe dafür sind vielfältig. Nur in sehr wenigen Fällen ist die Kirchensteuer daran schuld. Bei vielen ist der Glaube im Lauf ihres Lebens einfach verdunstet. Sie sehen deshalb keinen Sinn darin, weiterhin Mitglied in einer Kirche zu sein. Die weitaus größte Gruppe derjenigen, die der Kirche den Rücken kehren, besteht jedoch aus Menschen, deren Glaube ihnen nie abhandengekommen ist. Ihnen ist die Kirche als Institution fremd geworden, und sie sind mit den kirchenpolitischen Entscheidungen nicht einverstanden. Für Katholiken waren in der Vergangenheit zudem die vielen Missbrauchsfälle und andere Skandale wie der verschwenderische Lebensstil des früheren Limburger Bischofs Tebartz-van Elst der letzte Anstoß, ihrer Kirche Lebewohl zu sagen. Und wenn Papst Franziskus von konservativen Katholiken Häresie vorgeworfen wird, weil er kaum nennenswerte Reförmchen für wiederverheiratete Geschiedene einführt, darf sich niemand wundern, wenn sich die Menschen aus der Kirche zurückziehen und ihr Heil in einer Art IKEA-Spiritualität suchen, die sich aus verschiedenen Bauteilen zusammensetzt. Eine Kirche, die dem Leben fremd wird, muss auf viele Menschen verzichten.

Nicht wenige sind überrascht, wie unspektakulär ihr Austritt aus der Kirche über die Bühne geht. Niemand fragt sie nach ihren Beweggründen. Und manch einer fühlt sich erleichtert, wenn die Tür der Behörde hinter ihm ins Schloss fällt. Doch auch wer formell der Kirche weiterhin angehört, sich aber bewusst von erworbenen oder erlernten Glaubensvorstellungen verabschiedet, wird sich befreit fühlen, wenn er sein spirituelles Erwachen selbst in die Hand nimmt. Jetzt. In der zweiten Lebenshälfte.

Zum Weiterdenken
Gut möglich, dass Sie sich in der ersten Hälfte Ihres Lebens nicht sonderlich viele Gedanken um ein wie auch immer geartetes göttliches Wesen gemacht haben. Aber jetzt, in der Mitte Ihres Lebens, spüren Sie, dass Sie und die Zeit dafür reif sind. Warum sollten Sie Ihrer Neigung nicht folgen? Beschreiten Sie ungewohnte spirituelle Pfade! Aber bleiben Sie kritisch und be-

halten Sie immer – auch zu sich selbst – Distanz. Nur so bleiben Sie davor gefeit, Opfer von eher bedenklichen spirituellen Strömungen zu werden. Wenn Sie lernen, in sich hineinzuhören, werden Sie in sich spüren, was gut ist und was nicht. Machen Sie sich bewusst, dass der Weg zu einem gereiften Glauben höchst individuell ist und bei jedem anders verlaufen kann. Dieser Weg ist allerdings nie zu Ende, solange Sie leben. Unsere Selbstwerdung dauert bis zu unserem Tod. Und mit uns verändert sich auch unsere Spiritualität. Die Enttäuschung von Gott & Co. hat ihren Ursprung in der Vorstellung, dass der Glaube etwas Statisches sei. Doch unser Glaube ist nichts, das wir einmal erwerben und dann für immer besitzen. Wer das begreift, dessen Leben wird durch eine offene spirituelle Haltung bereichert werden.

Es kann sein, dass manche Menschen in Ihrem engeren Umfeld befremdet auf Ihre spirituelle Neuausrichtung reagieren. Aber dass alle Ihr Interesse teilen, werden Sie auch nicht ernsthaft erwartet haben. Das Mindeste, was Sie allerdings voraussetzen können, ist Toleranz. Sicher ist das allerdings nicht. Nicht nur, wenn Sie sich dem Islam zuwenden, müssen Sie damit rechnen, dass Ihre Mitmenschen Sie heftig kritisieren. Auch wenn Sie zur katholischen Kirche konvertieren oder erneut in sie eintreten, können Sie sich mit hoher Wahrscheinlichkeit auf längere Diskussionsrunden freuen. In beiden Fällen ernten besonders Frauen mitleidige Blicke. Wie bei jedem Neuanfang in der Lebensmitte macht es Sinn, sich mögliche Konsequenzen vorher bewusst zu machen. Manchmal ist es besser, sich von früheren WeggefährtInnen zu verabschieden, als sich permanent für seine spirituelle Lebenshaltung rechtfertigen zu müssen. Je nachdem, in welche Richtung Sie Ihr Weg führt, werden Sie genügend

Menschen finden, mit denen Sie sich austauschen können. Ob man Ihren neu gewonnenen An- und Einsichten offen gegenübersteht, liegt jedoch nicht unwesentlich an Ihnen selbst. Sofern es Ihre Mitmenschen interessiert, erzählen Sie ruhig, welche spirituellen Erkenntnisse Sie gewonnen haben. Aber vermeiden Sie es tunlichst, andere missionieren zu wollen. Vergessen Sie nicht: Spiritualität ist eine persönliche Erfahrung. Sie lässt sich nicht verordnen. Manche Menschen haben einfach kein Bedürfnis danach.

Radikalität des Nullpunkts – Die spirituelle Krise in der Lebensmitte

Alle Übergangszeiten verunsichern. Das gilt ganz besonders für die Lebensmitte, die mehr als andere Phasen von Veränderungen geprägt ist. Der Mystiker Johannes Tauler spricht übrigens nicht von Krise, sondern von »Gedränge«. Das trifft die Situation sehr gut. Denn viele Menschen haben in dieser Zeit den Eindruck, in die Enge getrieben zu werden. Doch die zweite Lebenshälfte ist keine Strafe, sondern eine Einladung, sein weiteres Leben bewusster zu gestalten. Ob es sich nun um eine Beziehungskrise, eine berufliche oder um eine spirituelle Krise handelt – all das lässt sich zu dem großen Wandlungsthema der Lebensmitte zusammenfassen: Wechsel der Lebensrichtung. Johannes Tauler war davon überzeugt, dass es Gott selbst ist, der den Menschen in die Krise der Lebensmitte führt, indem er das »Haus« des Menschen »umkehrt«, um ihn mit seinem verlorenen Selbst in Kontakt zu bringen: »Sobald der Mensch in dieses

Haus kommt und Gott da sucht, so wird das Haus umgekehrt, und dann sucht Gott ihn (den Menschen) und kehrt dies Haus um und um, wie einer, der sucht: das eine wirft er hierhin, das andere dorthin, bis er findet, was er sucht« (Predigten II, 274).

Veränderungen sind gut, sofern sie den Menschen weiterbringen, sind etwas Göttliches, um in der Sprache der Religionen zu bleiben. Dagegen steht das Böse, das in vielen Religionen als personifiziertes Wesen auftritt, für die Negation des Lebendigen. Es unterbindet jedwede Veränderung und Erneuerung und hindert Menschen daran, ihr Potenzial zu entfalten und auszuschöpfen. Wandlung ist Wachstum. Das zu erkennen, fällt nicht immer leicht. Manche schrecken unbewusst davor zurück. Sie wehren sich gegen den Reifeprozess. An jede erreichte Stufe müssen wir uns erst gewöhnen, indem wir unsere Weiterentwicklung und die sich daraus ergebenden Veränderungen bewusst zur Kenntnis nehmen. Spirituelles Wachstum muss nicht unbedingt an eine Krise gekoppelt sein. Krisen verlaufen meist dramatischer und abrupter. Oft ist der spirituelle Wandlungsprozess eine schleichende Veränderung bestehender Einsichten und Überzeugungen. Trotzdem wird in diesem Buch oft von der spirituellen Krise die Rede sein, weil jede ernsthafte Auseinandersetzung mit spirituellen Fragen dem Menschen zu schaffen machen kann.

Veränderungswünsche werden aus Enttäuschungen geboren: Wir sind enttäuscht vom Leben, von Menschen, von uns selbst und von Gott. Auch wenn wir selbst die Veränderungen angestoßen haben, können sie uns heftig durchschütteln. Als besonders schwierig und verunsichernd empfinden wir jenen Zeitraum, in dem wir das Gefühl haben festzustecken. Es braucht

Zeit, unter Umständen sogar viel Zeit, um diesen dunklen Punkt der Orientierungslosigkeit zu überwinden. Dieser »Nullpunkt« des Lebens ist Chance und Gefahr zugleich. Wer ihn bewusst erfährt, kann in Angst und tiefe Verzweiflung stürzen und schlimmstenfalls daran zerbrechen. Er kann aber auch als ein grundlegend Verwandelter aus dieser Zerreißprobe hervorgehen und mit einer veränderten Sicht auf sich selbst, auf die Welt und auf Gott das Leben noch einmal neu in Angriff nehmen.

Der Wechsel in eine andere Lebensphase kündigt sich meist durch eine gewisse Unruhe an. Wir sind unzufrieden mit dem Status quo, wissen aber nicht so recht, wie wir diesen ändern können. Das gilt auch für unsere metaphysische Sehnsucht, die sich in der Lebensmitte stärker als je zuvor meldet. Tauler charakterisiert Menschen in solchen Situationen so: »Das will er nicht; was ihn aber anzieht, das besitzt er nicht; und so befindet er sich zwischen zwei einander widerstreitenden Richtungen und ist in großem Weh und großer Drangsal« (Predigten II, 309).

Leider finden sich in der Tradition der Kirchen kaum konkrete Hilfestellungen, wie der Glaube im Lauf der persönlichen Entwicklung gewinnbringend integriert werden kann. Selbst Menschen, die sich in ihrer Kirche von Jugend an engagieren und ein ausgeprägtes Interesse an Religiosität haben, stehen spätestens als »Best Ager« ratlos vor der Frage, wie sie ihre gesammelten Erfahrungen, ihre Erfolge, aber auch ihr Scheitern und ihre Enttäuschungen im Licht des tradierten Glaubens sehen sollen. Wer in der Lebensmitte Bilanz zieht – und das tun wir alle –, muss zugeben, dass sich viele Hoffnungen nicht erfüllt haben. Das Wichtigste, was wir tun sollten, ist, die Schuld nicht bei den Umständen oder bei anderen Menschen zu suchen, sondern die alleinige Verantwortung für unser vergangenes und unser zukünftiges Leben zu übernehmen. Dazu gehört auch, sich mit den hinter uns liegenden Glaubensprägungen und -erfahrungen auszusöhnen, und sei die Erinnerung daran noch so bedrückend. Wir kommen nur dann mit uns selbst ins Reine, wenn wir Ja sagen zu dem, was war, ungeachtet dessen, ob es gut war oder schlecht. Nur so kann die spannende und – zugegeben – manchmal auch etwas schwierige Zeit in der Lebensmitte als spirituelle Befreiung erlebt werden.

Am Nullpunkt unseres Lebens spüren wir, dass wir nicht weitermachen können wie bisher und dass wir nicht nur *etwas*, sondern *uns selbst* verändern müssen. Insofern entbehrt der Nullpunkt nicht einer gewissen Radikalität. Radikal meint in der ureigensten Bedeutung des Wortes an die Wurzel (lateinisch: *radix*) zu gehen, gerade auch an die Wurzeln der menschlichen Existenz. Radikalität setzt Entschlossenheit voraus. Die Entschlossenheit, mit dem Alten, Gewohnten brechen zu wollen und das ganz andere zu suchen. Dafür braucht man eine ordentliche Portion Begeisterung und Mut, vor allem aber Durchhaltevermögen. Tauler hielt den spirituellen Nullpunkt für eine »Gnade«. Doch diese Gnade erfährt nur, wer bereit ist, sich den Enttäuschungen zu stellen. Das ist in den meisten Fällen eine leidvolle Erfahrung, die uns letztlich dazu zwingt, das endgültig hinter uns zu lassen, was uns enttäuscht hat. Der Nullpunkt muss durchlebt und durchlitten werden. Es ist tatsächlich eine Gnade, frei zu werden von gewohnten Denkmustern und sich eine neue Sicht auf Gott leisten zu können. Es ist eine Gnade, nicht mehr abhängig zu sein von der Meinung anderer Menschen und offen zu sein für neue Wege. Tauler riet dem Menschen zur Selbstreflexion und Kontemplation, um eine neue Perspektive zu finden. Um den kritischen Punkt zu überwinden, empfahl er »tägliches, ordentliches inneres Üben«. Kein schlechter Rat – auch für uns heute. Wir werden noch darauf kommen, was er damit meinte. Gelingt es uns schließlich, den Nullpunkt zu überwinden, fallen alle Fragen in sich zusammen. Sie werden bedeutungslos. Auch das ist Gnade.

Der Nullpunkt in der Mitte unseres Lebens wartet mit typischen Fragen auf uns: Wer bin ich? Woher komme ich? Wie soll es in meinem Leben jetzt weitergehen? Wofür mache ich das alles? Die Lebensmitte ist immer auch eine Sinnkrise. Jede Krise in der Lebensmitte kann dazu führen, dass wir alles zurück auf Anfang setzen wollen. Der Wunsch nach einem Neubeginn ist eine Ursehnsucht des Menschen. In der spirituellen Krise der Lebensmitte geht es darum, den Aufbruch zu wagen, zurück nach Hause, an seinem Ursprung anzukommen. Friedrich Nietzsche brachte die Suche nach dem Ursprung auf den Punkt: »Warum kommt mir dieser Gedanke immer wieder und leuchtet mir in immer bunteren Farben? – dass ehemals die Forscher, wenn sie auf dem Wege zum Ursprung der Dinge waren, immer etwas von dem zu finden meinten, was von unschätzbarer Bedeutung für alles Handeln und Urteilen sei, ja, dass man stets voraussetzte, von der Einsicht in den Ursprung der Dinge müsse des Menschen Heil abhängen ...« (Nietzsche I, 1043).

Philosophen betrachten den Ursprung als unfassbare Größe, weshalb die Frage nach ihm letztlich von ihnen nicht beantwortet werden kann. Mystiker wie Meister Eckhart und Johannes Tauler benutzten das Wort »Ursprung« als Synonym für Gott. In einer seiner Predigten sagte er: »Solange der Mensch nicht zurückkehrt in diesen Zustand der Bildlosigkeit, mit dem er aus dem Ursprung herausfloss, aus der Ungeschaffenheit in die Geschaffenheit, wird er niemals wieder in Gott hingelangen« (Predigten II, 337). Die Schlüssel zu diesem »ortlosen Ort« heißen bei ihm Selbsterkenntnis und Gelassenheit.

Sieh an, was du bist – Selbsterkenntnis

Die Spiritualität in der zweiten Lebenshälfte ist das Ergebnis einer langen Entwicklung, zumindest, wenn man nicht zu den »religiös unmusikalischen Menschen« gehört, um eine Formulierung des Sozialwissenschaftlers Max Weber zu verwenden. Wir können uns in der Lebensmitte neu erfinden und unserem Sein dadurch mehr Tiefe und Fülle verleihen. Allerdings müssen wir zuvor eine mehr oder minder schwere Zerreißprobe bestehen, in der wir aufgefordert sind, uns selbst besser kennenzulernen und in den Abgrund unserer Seele zu schauen. Das ist zumeist eine ziemlich desillusionierende Angelegenheit.

Selbsterkenntnis ist nach Tauler unbedingt erforderlich für den Reifeprozess in der Lebensmitte. »Sieh an, was du bist«, mahnt er eindringlich in einer seiner Predigten. Seine Forderung klingt einleuchtend, erst recht, wenn es sich um die spirituelle Entwicklung handelt.

Am Beginn der spirituellen Wanderschaft steht bei jedem Menschen das Ringen um Selbsterkenntnis. Auf dem Höhepunkt einer Krise, dann, wenn wir uns unserer Enttäuschung, unserer Ausweglosigkeit und Sinnlosigkeit am stärksten bewusst werden, stellen wir uns die Frage: Wer bin ich? Wer bin ich *wirk-*

lich? Es geht in diesen Momenten nicht mehr darum, sich klarzumachen, wer wir in den Augen unserer Mitmenschen sind, welche Rolle wir in den vielen Facetten unseres Alltags spielen. Meist sind es ja mehrere, und eine davon wird unsere Lieblingsrolle sein. Aber welches Kostüm und welche Maske ist identisch mit unserem Ich? An diesem Punkt wird uns schmerzlich bewusst, dass wir unser wahres Ich kaum kennen. Wie mittelmäßige Schauspieler sind wir bisher durch unser Leben gestolpert. Wir sprechen gehorsam den Text, den andere sich ausgedacht haben. Und wir agieren so, wie es der Regisseur befiehlt. Die Hälfte ihres Lebens sind die meisten damit beschäftigt, ihre Wirkung nach außen zu perfektionieren. Wir werden von Kindheit an auf bestimmte Kategorien geprägt: Besitz, Leistung, Geld, Sicherheit.

Selbsterkenntnis führt dazu, dass wir hinter die Masken unserer Persönlichkeit blicken, dass die falschen Vorstellungen, die wir uns von uns selbst gemacht haben, beiseite geräumt werden, dass wir eingefahrene Verhaltensweisen durchschauen und starre und von anderen übernommene Denkmuster hinterfragen. Auf dem Boden unserer Seele gibt es einen Kern – Tauler nennt ihn den »Grund« –, der unverfälscht und wahrhaftig ist. Doch nicht jeder kann und will die Wahrheit über sich selbst ertragen. Vermutlich ist deshalb der Selbstbetrug viel stärker verbreitet als das Bemühen um Selbsterkenntnis.

Ein Beispiel: Herr B. ist 54 und fühlt sich benachteiligt. Er wirft seinen Geschwistern vor, von den Eltern mehr geliebt und bevorzugt worden zu sein, was diese keineswegs nachvollziehen können. Herr B. übernahm aus freien Stücken den Handwerksbetrieb des Vaters und beklagt sich nun über seine existenziellen Sorgen. Seine Geschwister hingegen leben in gesicherten Arbeitsverhältnissen, was Herr B. seinerzeit abgelehnt hatte. Seine beiden Ehen scheiterten. Auch die nachfolgenden Beziehungen hielten meist nicht lange. Zu seinen drei Kindern hat er ebenfalls nur sporadisch Kontakt. Burnout, Herzinfarkt, Alkoholprobleme – Herr B. hat all das schon hinter sich. An seiner Misere und seiner Unzufriedenheit sind seiner Meinung nach alle anderen schuld. Er wisse nicht, sagt er, was er falsch gemacht habe und was er ändern solle. Herr B. betrachtet sich als Opfer einer bösen Welt oder eines ungerechten Schicksals, vielleicht auch eines unberechenbaren Gottes.

Herr B. übernimmt keine Verantwortung für sein Leben. Selbstbetrug liegt immer dann vor, wenn eigene Fehler nicht eingestanden werden und die Schuld am persönlichen Versagen den Lebensumständen oder anderen Menschen angelastet wird. Menschen wie Herr B. sind krampfhaft bemüht, ihr unrealistisches Selbstbild aufrechtzuerhalten. Außenstehende merken irgendwann, dass Wunsch und Wirklichkeit beim Betroffenen weit auseinanderklaffen. Wer es wagt, den Selbstbetrüger auf dieses Problem anzusprechen, muss sich warm anziehen. Er wird sich eine Menge Vorwürfe anhören müssen. Menschen wie Herr B. vermeiden alles, was den Blick nach innen erfordern würde. Dazu ist ihnen jede Ablenkung recht: Alkohol, Sex, Arbeit, digitale Nonstop-Unterhaltung. Nur keine Langeweile aufkommen lassen. Das Alleinsein wird nämlich zur Qual.

Erst als Herr B. aufgrund eines Deliktes in der Untersuchungshaft landet, sein Smartphone abgeben muss und mehrere Wochen keinen Kontakt zur Außenwelt hat, ändert sich seine Haltung. Zumindest zeitweise. Obwohl er seine Zelle mit anderen Insassen teilen muss, ist er gezwungen, in sich hineinzuhören und sich seinem Innenleben auszusetzen. »Um nicht verrückt zu werden« schreibt er alles auf, was ihm in den Sinn kommt. Nach Jahrzehnten spiritueller Enthaltsamkeit beginnt er sogar wieder zu beten. Nach seiner Freilassung findet er jedoch schnell wieder in sein altes Verhaltensmuster zurück und gibt anderen die Schuld an seinem »Ausrutscher«. Auch jetzt fühlt er sich eher als Opfer denn als Täter. Daran können auch die Psychotherapeuten nicht viel ändern. Herr B. hat einige ausprobiert und auch unterschiedliche Therapien versucht. Sobald er sich jedoch mit sich und seiner Vergangenheit bzw. seinem jetzigen Leben auseinandersetzen soll, wechselt er den Therapeuten.

Menschen wie Herr B. sind keine Ausnahme. Es gibt unverbesserliche Zeitgenossen, die blind sind für die eigenen Fehler. Oft decken sie jedoch die Schwächen der anderen gnadenlos auf. Selbsterkenntnis ist nicht sehr gefragt, und wenn, dann höchstens in weichgespülter Form. Selbstbestimmung oder Selbstverwirklichung kommen da viel besser an – auch der Selbstbetrug. Das liegt nicht zuletzt daran, dass wir das Wörtchen »Schuld« weitgehend aus unserem Vokabular gestrichen haben. Auch in den Kirchen wird davon höchstens hinter vorgehaltener Hand gesprochen. Man will doch die Leute nicht noch mehr vergraulen. Dabei kostet ein Leben in permanenter Selbsttäuschung enorm viel Energie. Die Lösung wäre die Selbst-Enttäuschung, die eine Folge der Selbsterkenntnis ist. Enttäuscht zu sein von sich selbst heißt ja, zu erkennen, dass man sich selbst getäuscht, sich selbst etwas vorgespielt hat. Ja zu sagen zu seinen eigenen Unzulänglichkeiten führt dazu, dass wir großzügiger über die Defizite anderer hinwegsehen können.

Der Moment, in dem wir uns erstmals von außen betrachten, quasi mit den Augen eines anderen, ist alles andere als erhebend. Dann nämlich dämmert uns, dass unsere innerste Sehnsucht trotz all des bislang Erreichten unerfüllt blieb. Dass wir an der Oberfläche geblieben sind, anstatt tiefer zu schürfen. Das kann nicht alles gewesen sein. Es muss noch mehr geben. Das Schwierige ist, dass wir diese Sehnsucht, die wir in uns spüren, nicht fassen, ja nicht einmal benennen können. Natürlich können wir so weitermachen wie bisher. Aber wenn wir an diesem Punkt angelangt sind, haben wir bereits eine Ahnung bekommen von der Fülle und Weite, von dem größeren Ganzen, das »die Welt im Innersten zusammenhält«. Da fällt es schwer, sich mit weniger zufriedengeben zu wollen. Doch wer mehr erwartet, kommt um den meist schmerzhaften Prozess der Selbsterkenntnis nicht herum. Sich einzugestehen, dass man einen Großteil seines Lebens mit der Jagd nach äußeren Dingen verbracht hat, die besonders in Zeiten existenzieller Probleme nur unzureichend Halt bieten, ist beschämend. Denn wir können der Frage nach dem Sinn unseres bisherigen Tuns nicht mehr ausweichen.

Schon in der Antike hielten die Philosophen den Menschen an, Selbsterkenntnis als tägliche Übung zu praktizieren. »*Gnothi seauton!*«, mahnten sie, »Erkenne dich selbst!« Diese Maxime war am Apollotempel in Delphi unübersehbar in den Stein gehauen, berichtet der griechische Reiseschriftsteller Pausanias. Die Inschrift selbst ist inzwischen verschwunden. Geblieben und im kollektiven Gedächtnis gespeichert ist der markige Spruch. Er forderte die Menschen auf, sich bewusst zu machen, dass sie im Gegensatz zu den allmächtigen, unsterblichen Göttern unvollkommene, endliche, schwächliche, nichtswürdige und nichtswissende Wesen sind. Zugleich war der Befehl eine unmissverständliche Warnung vor menschlicher Überheblichkeit und Ichsucht. Obwohl dem Philosophen Sokrates durch das Orakel von Apollo bezeugt worden war, dass er der weiseste Mensch sei, behauptete er von sich, dass er nichts wisse und sich auch nicht einbilde, etwas zu wissen.

Doch wann maßen wir uns Wissen an, das wir eigentlich gar nicht haben können? Sokrates meinte, wenn es um die Unverfügbarkeit menschlichen Lebens geht, um den Tod zum Beispiel: »Denn den Tod fürchten, ihr Männer, das ist nichts anderes, als sich dünken, man wäre weise, und es doch nicht sein. Denn es ist ein Dünkel, etwas zu wissen, was man nicht weiß. Denn niemand weiß, was der Tod ist, nicht einmal, ob er nicht für den Menschen das größte ist unter allen Gütern. Sie fürchten ihn aber, als wüssten sie gewiss, dass er das größte Übel ist. Und wie wäre dies nicht eben derselbe verrufene Unverstand, die Einbildung, etwas zu wissen, was man nicht weiß!« (Platon 1, 20).

Eine Selbsterkenntnis, die einem immer wieder vor Augen hält, wie unwürdig und einfältig man ist, trägt nicht gerade zur Erheiterung bei. Sie macht das Leben schwerer, als es ohnehin schon ist. Platon, einem Schüler des Sokrates, gelang es, der Sache eine positive Wendung zu verleihen. Natürlich solle der Mensch wissen, dass er nichts weiß, meinte er. Doch damit dürfe er sich nicht begnügen. Vielmehr solle er diese Erkenntnis nutzen, um sich zu einem besseren Menschen zu entwickeln. Ja, kein Zweifel: Der Körper sei schwächlich und begrenzt. Aber in ihm wohne eine unsterbliche und gottähnliche Seele. Es gehe also darum, das Wissen über das eigene Nichtwissen zu nutzen, um seinen Charakter zu veredeln.

Dieser Gedanke war neu und stieß in der Antike auf offene Ohren. Die Neuplatoniker interpretierten die delphische Aufforderung zur Selbsterkenntnis denn nur noch im Hinblick auf die Seele. Nur in der Besinnung auf sich selbst, nicht in der Außenwelt, könne der Mensch die erlösende Wahrheit finden. Anders ausgedrückt: Selbsterkenntnis ist nicht nur persönlichkeitsbildend. Selbsterkenntnis ist zugleich Gotteserkenntnis. Es kommt daher nicht von ungefähr, dass der Ruf nach Selbsterkenntnis in fast allen Religionen eine wichtige Rolle spielt.

Für Johannes Tauler, der in der platonischen bzw. neuplatonischen Richtung weiterdachte, war die Selbsterkenntnis nicht nur »der erste Schritt zur Besserung«, wie das deutsche Sprichwort sagt, sondern *der* wichtigste Schritt schlechthin: »Dieses eine besteht darin, dass du erkennest dein Nichts, das dein eigen ist, erkenntest, was du bist und wer du aus dir selber bist« (Predigten II, 389f).

Ohne Selbsterkenntnis war das Ziel des Mystikers – die Einheit mit Gott – nicht zu erreichen. Wie schon die griechischen Denker verstand auch Tauler unter Selbsterkenntnis, dass sich jeder Mensch seine Nichtigkeit bewusst machen sollte. Allerdings meinte er das keineswegs abwertend. Es ging ihm vielmehr darum, diesem Nichts auf den Grund zu gehen, die eigene Nichtigkeit anzuerkennen, ohne diese zu verurteilen. »Nim din selbes dicke war«, mahnt Tauler, was in der Sprache unserer Zeit viel weniger deftig klingt, aber nichts anderes bedeutet als: »Beobachte dich oft selbst!« Es mag wohl kaum einen spirituell interessierten Menschen geben, der dabei nicht an buddhistische Meditationsformen erinnert wird. Achtsamkeit, Gewahrwerden – die christliche Mystik weist eine erstaunliche Nähe zum Buddhismus auf, gilt es doch auch hier, sich zu beobachten, ohne sich zu bewerten. Das ist alles andere als leicht. Selbsterkenntnis ist nichts, was man in einem Wochenend-Workshop nebenher erlernen kann. Es ist ein Prozess, der sich über mehrere Jahre hinzieht und vielleicht sogar bis zum Ende unseres Lebens andauert.

Selbsterkenntnis vollzieht sich Tauler zufolge in mehreren Schritten. Schon die Tatsache, dass ein Mensch seine Trägheit überwindet und erkennt, dass ihm etwas Wesentliches fehlt, ist ein Akt der Selbsterkenntnis. Um durch Selbstbeobachtung zur Selbsterkenntnis zu gelangen, empfiehlt Tauler, ähnlich wie Buddha, üben, üben und nochmals üben: »… durch die Übung kommt man zum Sein, denn fleißige Übung lässt uns das Ziel zuletzt nach Form und Sein erreichen« (Predigten II, 390).

Der Philosoph Arthur Schopenhauer sah in der Selbsterkenntnis die Grundvoraussetzung, um ein freier Mensch zu sein. Denn nur wer seine eigenen Stärken und Schwächen kennt, kann sein Leben gezielt danach ausrichten und bewusst gestalten. Damit ist nicht nur gemeint, die eigenen Fähigkeiten so einzusetzen, dass ein erfülltes Leben möglich ist. Es geht auch darum, die eigenen Gefühle und Zwänge – der Philosoph Spinoza nennt sie die Leidenschaften – unter Kontrolle zu bringen, damit sie einen nicht mehr beherrschen. Oft ist es schwieriger, sich von den eigenen Mächten zu befreien, als von anderen Menschen unabhängig zu werden.

Bei der Selbsterkenntnis geht es sozusagen ans Eingemachte. Denn die Frage »Wer oder was bin ich?« ist immer auch gekoppelt an die Frage: »Wie nehme ich selbst die Welt um mich herum wahr?« Die Antwort darauf kann sich gravierend von der Sicht meiner Mitmenschen unterscheiden. Es gibt nun mal keine objektive Wirklichkeit. Jeder konstruiert sich seine eigene Version davon. Das hat uns Immanuel Kant einleuchtend erklärt. Das gilt natürlich auch für unser Gottesbild. Was Gott *für mich* ist, ist er noch lange nicht für meinen Nachbarn. Selbst im Lauf meines eigenen Lebens wird sich mein Gottesbild wandeln.

Selbsterkenntnis ist kein theoretischer Akt, keine Angelegenheit, die nur im Kopf stattfindet. Tauler empfiehlt zwar, sich »Tag und Nacht« fleißig selbst »zu prüfen und zu bedenken«, was uns zu unserem Handeln motiviert. Darüber hinaus rät er aber auch eindringlich zu »imaginieren«. Die Kraft der Imagination zu nutzen ist weit mehr, als sich nur vorzustellen, was man in diesem oder jenem Fall tun würde, wie Georg Hofmann in seiner Übertragung des Taulerschen mittelhochdeutschen Textes erläutert. Imaginieren ist ein kreativer Vorgang, der im Unbewussten stattfindet und bei dem klares, strukturiertes Denken eher hinderlich ist. Wer imaginiert, ist im Kontakt mit den inneren Bildwelten. *Imago* ist das lateinische Wort für »Bild«. Beim Imaginieren geht es darum, die Bilder aus dem Unbewussten hochkommen zu lassen und sie möglichst objektiv zu beobachten. Auch den Träumen sollte in diesem Zusammenhang große Beachtung geschenkt werden.

Das »Ymaginieren«, wie Tauler es nannte, machte C. G. Jung Jahrhunderte später zum Gegenstand seiner Arbeit. Und sie ist auch heute noch eine wichtige Methode in der Psychotherapie. Bei der Imagination nach Jung kommt es darauf an, dass man mit irgendeinem inneren Bild beginnt und dieses sorgfältig beobachtet. Geduldig wartet man, ob und welche Veränderungen eintreten. Jegliche Verwandlung muss genau betrachtet werden, bis zu dem Punkt, an dem man spürt, dass man selbst die innere Bühne betreten muss. »Kommt eine Figur vor, die spricht, dann sagen auch Sie, was Sie zu sagen haben, und hören auf das, was er oder sie zu sagen hat«, schreibt Jung in einem Brief an einen Patienten. »Auf diese Weise können Sie nicht nur Ihr Unbewusstes analysieren, sondern Sie geben dem Unbewussten die Chance, Sie zu analysieren. Und so erschaffen Sie nach und nach die Einheit von Bewusstsein und Unbewusstem, ohne die es überhaupt keine Individuation gibt« (Jung, Briefe, 92–93). Im Unbewussten ist die Weisheit und Erfahrung von Jahrtausenden verborgen. Dadurch kann es zu einem Seelenführer werden, zu einer Quelle höherer Weisheit. Man müsse, so Jung, nur darauf vertrauen, dass die auftauchenden Gestalten eine psychologisch reale Eigenständigkeit entwickeln. In dem Moment, da man sie als bloße Einbildung abtue, wirke der ganze Zauber nicht.

In diesem Zusammenhang kann auch die von Prof. Dr. Uwe Böschemeyer entwickelte Wertimagination von unschätzbarem Nutzen sein (http://www.boeschemeyer.at). Wertimaginationen sind bewusste, zielorientierte Reisen ins Unbewusste, dorthin, wo Sinn und Werte verwurzelt sind. Es ist genau jener Bereich, den Tauler als »Seelengrund« bezeichnet. Wertimaginationen sind keine Fantasiereisen oder Visualisierungen. Die Bilder werden nicht willentlich produziert. Der Ausführende muss sie auf sich zukommen lassen. Das erfordert allerdings die Bereitschaft, sich auf das eigene Unbewusste einzulassen, und sollte Böschemeyer zufolge zumindest anfangs nicht ohne einen erfahrenen Therapeuten geschehen. Wertimaginationen schaffen nicht nur mehr (Selbst-)Erkenntnis. Sie können auch dazu beitragen, den

Alltag mit allen Problemen besser zu meistern. Böschemeyer war Schüler Viktor E. Frankls und gründete das erste deutsche Institut für Logotherapie. Als Psychotherapeut und Autor zahlreicher Bücher hat er mit den Mitteln der Wertimagination vielen Menschen geholfen, Zugang zu den eigenen (Un-)Tiefen zu finden. In unserer inneren Welt entstehen Bilder, Symbole, Farben und sogar Gestalten, die Ausdruck unserer unbewussten Vorgänge, z. B. unserer Gedanken und Gefühle sind. Wir alle kennen diese inneren Bilder aus unseren Träumen. Wir können sie aber auch bewusst herbeirufen und dann farbig, plastisch, dreidimensional, kurz: mit allen Sinnen erleben. Wir können beispielsweise zu unserer inneren Lebenskraft wandern, zum Ort unserer Angst oder zur inneren Selbstbejahung. Dabei helfen uns unsere Wertgestalten. Das sind laut Böschemeyer personifizierte Eigenschaften, z. B. der/die Innere Verbündete, der Innere Arzt/die Innere Ärztin, der weise Mann/die weise Frau. Wertimaginationen wirken deshalb so gut, weil unser Gehirn nicht unterscheiden kann, ob wir uns beispielsweise tatsächlich in einer schönen Landschaft bewegen oder ob wir uns nur imaginär, d. h. in unserer Vorstellung darin aufhalten. In beiden Fällen reagiert der Körper gleich. Er entspannt sich oder er schüttet Adrenalin aus – falls etwas Aufregendes passiert. Die Bilder, die während einer Wertimagination entstehen, sind ein Abdruck unserer inneren Wirklichkeit und berühren uns daher in der Tiefe unserer Seele.

Im Lauf seiner Arbeit fiel Böschemeyer auf, dass viele Menschen, mit denen er arbeitete, während ihrer Imagination auf spirituelle Symbole stießen, auch dann, wenn sie überhaupt nicht oder nur wenig religiös geprägt waren. Ähnliche Erfahrungen machte übrigens auch C. G. Jung. Spiritualität ist ein dem Menschen innewohnender Wert, ähnlich wie Frieden, Freiheit, Liebe, Hoffnung oder Mut. Für Böschemeyer lag es daher nahe, die Wertimagination auch auf den spirituellen Bereich auszudehnen. Wir können uns von unseren Inneren Verbündeten beispielsweise zum Grund des Seins führen lassen, zu den guten Mächten, zum Sinn unseres Lebens oder zum Urvertrauen. Wir können uns aber auch zu unserer nächsten (spirituellen) Reifungsstufe führen lassen. Überwältigende Erfahrungen machte Böschemeyer mit Wertimaginationen zu biblischen Texten, »weil diese imaginativen ›Exegesen‹ in Tiefen führten, von denen ich nicht einmal zu träumen gewagt hatte« (Böschemeyer, 21). Bilder sagen eben mehr als viele Worte.

Ein Beispiel: Frau P., 56 Jahre, hat mit Wertimaginationen zu einer neuen Spiritualität gefunden. Aufgewachsen in einem evangelischen Elternhaus, schloss sie sich der Jugendgruppe in ihrer Gemeinde an und besuchte diese dank des engagierten Jugendpfarrers auch noch einige Jahre nach der Konfirmation. Mit Beginn des Studiums zog sie in eine andere Stadt und hielt nur noch losen Kontakt zur ehemaligen Clique. Zweifel am tradierten Glaubensgut und Kritik an der verfassten Kirche trugen dazu bei, dass sie sich innerlich mehr und mehr von Religion und Kirche ablöste. Jesus als Gottes Sohn, Opfertod, Erlösung und die vielen anderen Geschichten der Bibel empfand sie schon lange als Zumutung. Dass es aber einen Gott geben müsse, »irgendeine höhere Macht«, davon war sie nach wie vor vage überzeugt. Allerdings sah sie nicht, was dieser Gott mit ihrem Leben zu tun haben sollte, das voll ausgefüllt war mit Studium und Karriereplanung. Während eines längeren Auslandsaufenthalts lernt Frau P. ihren späteren Mann kennen. Alles lief bestens. Doch mit Ende vierzig beginnt der Boden unter Frau P.'s Füßen zu wackeln. Sie verliert ihren lukrativen Job in der Werbebranche. Wenig später erfährt ihr Mann, dass er Krebs hat. Eine zermürbende Zeit beginnt, in der Frau P. spürt, dass sie die bisherige Kontrolle über ihr Leben verliert. Sie sehnt sich nach Halt. Während dieser Zeit beschäftigt sie sich erstmals mit der Praxis der Wertimagination. Eines Abends, als sie allein zu Hause sitzt, kommt ihr der Refrain eines Liedes in den Sinn, das sie in der kirchlichen Jugendgruppe oft gesungen hatte: »Von allen Seiten umgibst du mich, o Herr.« Jahrzehnte hatte sie sich nicht mehr daran erinnert. Jetzt klingt ihr die Melodie im Ohr und der Text will ihr nicht mehr aus dem Sinn. Sie weiß noch, dass es sich um einen Psalm handelt. Eine Bibel besitzt sie schon lange nicht mehr. Aber sie googelt und liest in einer Online-Bibel den ganzen 139. Psalm. Jetzt fallen ihr auch wieder die anderen Textzeilen des Liedes ein: »Nähme ich Flügel der Morgenröte und bliebe am äußersten Meer, so würde auch dort deine Hand mich führen und deine Rechte mich halten. Spräche ich: Finsternis möge mich decken und Nacht statt Licht um mich sein, so wäre auch Finsternis nicht finster bei dir, und die Nacht leuchtete wie der Tag …« Sie ist berührt von der Ausdruckskraft des Textes und entschließt sich, eine Wertimagination zu dem Wort aus dem 139. Psalm durchzuführen: »Von allen Seiten umgibst du mich.« Frau P. wandelt den Satz noch ab und fügt hinzu: »Von allen Seiten (und zu allen Zeiten) umgibst du mich.«

Nach kurzer Entspannung begibt sie sich in Gedanken an einen ihr inzwischen vertrauten, symbolischen Ort, der ihr den Einstieg in die Imagination erleichtern soll. Was sie in dieser Wertimagination erlebt, beschreibt sie so: »Ich muss nicht lange auf das erste Bild warten und finde mich vor einem Spiegelsaal wieder, allerdings nicht allein. Ich erkenne in meinem Begleiter die Jesusgestalt, was mich zutiefst überrascht, weil ich gerade zu ihr jeglichen religiösen Bezug verloren habe. Durch eine große Tür betreten wir beide den Spiegelsaal. Vor mir sehe ich zuerst etwas wie einen Thron, dahinter aber wie auch an allen übrigen Wänden Spiegel. Die Jesusgestalt fordert mich auf, in alle Spiegel zu sehen. ›Was siehst du?‹ fragt er. Ich bin überrascht. Der Anblick verwirrt mich, denn ich habe Mühe, mich zu entdecken. Ich verschwinde fast inmitten einer Schar von weiteren Jesusgestalten. Die Spiegel reflektieren die mich begleitende Jesusgestalt so, dass er in Myriaden vor mir, hinter mir sowie rechts und links neben mir erscheint. Nur ich bleibe in einfacher Ausfertigung – kaum wahrnehmbar. Dort, wo ich ihn anfänglich tatsächlich wahrnahm, auf meiner rechten Seite, erscheint er in mehrfacher Gestalt. Aber genauso ist er auf meiner linken Seite vorhanden. ›Schau nach vorn‹, sagt er. ›Auch dort bin ich. Auch hinter dir.‹ Seine vervielfachte Gestalt, die ich in der Imagination als absolut real wahrnehme, ist so versetzt, dass die Figur eine Art Davidstern ergibt. ›Schau nach unten!‹ Ich sehe, wie meine Füße auf seinen Schultern stehen. ›Schau nach oben. Was siehst du?‹ Ich sehe eine Christusgestalt, deren Hände segnend über meinem Kopf sind. Die Jesusgestalt fordert mich auf, mich langsam nach vorn, dann zurück und nach rechts und links zu bewegen und dabei in die Spiegel zu schauen. Ich sehe, dass sich alle Christusgestalten im selben Rhythmus mit mir bewegen. Mein Begleiter empfiehlt mir, ich solle mir bewusst machen, dass ich mich genauso durch die Zeiten – Vergangenheit, Gegenwart und Zukunft – bewegen kann und sich an dieser Konstellation nichts verändern wird. Er fragt mich, wie ich mich fühle, und ich merke, dass ich mich unendlich sicher, geborgen, leicht und frei fühle. Keineswegs eingeengt. Ich spüre: Zu welcher Seite ich auch immer fallen würde, ich würde stets nur auf eine der Jesus-gestalten fallen. Mein Begleiter fragt, ob ich weitergehen möchte oder ob ich mich lieber noch in diesem Gefühl der Grundgeborgenheit wiegen will. Ich bejahe Letzteres und tue genau das: Ich wiege mich hin und her und genieße das Gefühl, von einer Vielzahl von Christusgestalten umgeben zu sein. Auch nach dieser Wertimagination ist dieser Eindruck für mich jederzeit wieder abrufbar, sobald ich mich an diese Seelenreise erinnere. Dabei liegt sie schon etliche Jahre zurück. Wertimaginationen zu biblischen Texten gehören seither zu meiner regelmäßigen spirituellen Praxis. Sie vermitteln mir, jenseits von Konfession und Kirche, eine Nähe zu Gott, die ich sonst nicht finden würde.«

Ungewöhnliche spirituelle Erfahrungen können auf andere durchaus befremdlich wirken. Da sie aber so individuell sind wie die Menschen selbst, ist es letztlich egal, auf welchem Weg jemand seine innere Tiefe entdeckt. Das hat auch Johannes Tauler so gesehen: »So verschieden die Menschen sind, so verschieden sind auch ihre Wege zu Gott: was dem einen Menschen Leben bedeutet, ist für den anderen Tod« (Predigten II, 566).

Zum Weiterdenken:

Dieser Weg eignet sich natürlich nicht für jeden. Viele Menschen möchten zur Selbsterkenntnis gelangen, wissen aber genau, dass sie nicht lange durchhalten werden, wenn ihnen die Methode absonderlich oder zu aufwändig erscheint. Dann kann vielleicht eine Übung aus der ignatianischen Spiritualität die richtige sein.

Sie ist als das »Gebet der liebenden Aufmerksamkeit« bekannt. Ignatius von Loyola nannte dieses zentrale Element der nach ihm benannten Spiritualität ganz einfach Examen. Dahinter verbirgt sich nichts anderes als ein Tagesrückblick, der kaum länger als zehn Minuten in Anspruch nimmt. Für Ignatius von Loyola war dies die wichtigste Zeit des Tages. Er empfahl, fünf Aspekte in das Gebet einzubeziehen:

1. Gott danken für das Gute, das ich heute erfahren habe.

   Auch wenn der Tag noch so mühsam war, können wir etwas finden, wofür wir dankbar sein können. Indem wir uns auf das Gute konzentrieren, bringen wir uns in eine positive Grundstimmung. Wo habe ich Ermutigung, Trost, Hoffnung gespürt? Wo kam Freude auf? Gab es schöne Begegnungen mit anderen Menschen? Ein inspirierendes Gespräch? Solche Überlegungen haben einen völlig anderen Effekt, als den Tag mit Jammern und Klagen zu beenden.

2. Gott bitten, den Tag ehrlich betrachten zu können, und dem eigenen Versagen nicht auszuweichen.

   Es ist leichter, die Fehler bei anderen zu sehen, als seine eigenen wahrzunehmen. Genau deshalb ist Selbsterkenntnis so unbeliebt. Kritikfähigkeit am eigenen Verhalten muss man trainieren.

3. Jede Stunde des Tages noch einmal in Gedanken durchgehen und versuchen, sich an alles zu erinnern, ohne das Geschehene zu bewerten.

   Was geht mir jetzt noch nach? Habe ich mich um Ehrlichkeit und Redlichkeit bemüht? Es ist sehr wichtig, sich nicht nur die einzelnen Situationen zu vergegenwärtigen, sondern auch genau auf die Gefühle zu achten, die in uns ausgelöst wurden. Häufig unterdrücken, verdrängen, überspielen wir sie. Dabei entscheiden gerade sie darüber, wie wir die Welt und die Menschen um uns herum wahrnehmen. Es geht nicht darum, die Gefühle zu bewerten oder zu begründen, sondern nur darum, sie rückblickend zu beobachten und sie auszuhalten.

Es kann hilfreich sein, den Tagesrückblick einem Tagebuch anzuvertrauen. Das tat auch Ignatius. Indem wir versuchen, das Gewesene schriftlich zu formulieren, gewinnen wir mehr Distanz zum Geschehen. Zudem geraten Ereignisse, für die wir dankbar sind, nicht so leicht in Vergessenheit.

4. Um Verzeihung für die Fehler bitten.

Vergebung und Versöhnung sind die Grundpfeiler des Zusammenlebens. Immer wieder werden Menschen aneinander schuldig. Christen finden es befreiend, Gott um Vergebung zu bitten. Doch das allein reicht nicht. Wer sich einem anderen Menschen gegenüber falsch verhalten hat, sollte sich nach Möglichkeit bei ihm entschuldigen. Eine Entschuldigung macht das Fehlverhalten nicht rückgängig, aber es entlastet den Betroffenen und auch den, der Grund zur Entschuldigung hat. Nur so können gestörte menschliche Beziehungen wiederhergestellt werden. Und nur so ist ein Neuanfang möglich. Ist das Ende einer Beziehung trotzdem unumgänglich, wird nach einem gelungenen Aussöhnungsprozess zumindest eine friedliche Trennung möglich sein. Das Verzeihen und Vergeben wird als Konfliktlösung häufig unterschätzt – gerade auch im beruflichen Kontext. Viele schleppen unbereinigte Verletzungen mit sich herum. Das kostet enorm viel Energie, die produktiver eingesetzt werden könnte. Übrigens: Am Ende des Tages sollte man stets auch daran denken, sich selbst zu verzeihen.

5. Überlegen, was ich in Zukunft besser machen kann, und mir fest vornehmen, das auch zu tun.

Wer sich mit Punkt 4 zufrieden gibt, wird auf der Stelle treten. Gute Vorsätze sind wichtig und hilfreich, wenn man sich weiterentwickeln will. Allerdings sollte man nicht zu ungnädig und ungeduldig mit sich selbst umgehen. Ignatius empfiehlt, jede noch so kleine Veränderung zum Guten wahrzunehmen. Auch das fließt ja in den Tagesrückblick ein, wenn er denn regelmäßig praktiziert wird. Es ist deshalb hilfreich, die kritischen Situationen des vergangenen Tages nochmals Revue passieren zu lassen und sich vorzustellen, wie man in Zukunft agieren möchte.

Ignatius war ein Pragmatiker. Seine Spiritualität eignet sich besonders für Menschen, die sich nicht zurückziehen wollen, sondern in der Welt, mitten im Alltag, spirituell leben möchten. Ihm ging es darum, Gottes Spur im Alltag zu entdecken, die Geschehnisse des Tages bewusst wahrzunehmen und zu verarbeiten. Dabei sollte der Mensch lernen zu unterscheiden zwischen dem, was dem Leben nützlich ist und was ihm schadet. Auf diese Weise kann er herausfinden, wo sein Platz im Leben ist und welche Aufgabe er zu erfüllen hat. So findet er zu sich selbst und damit auch zu Gott.

Das »Gebet der liebenden Aufmerksamkeit« ist ein guter Einstieg in die Lehre des Ignatius von Loyola. Wer sich mit dieser Übung wohlfühlt, kann sich nach einer Weile des Praktizierens intensiver mit ignatianischer Spiritualität beschäftigen. Frau R.

hat damit beispielsweise gute Erfahrungen gemacht: »Nach meiner Überzeugung gibt es kein anderes Rezept, als sich dem Leben auszusetzen, den Versuch zu wagen, durchzuhalten, und die beständige Wahr-nehmung im Sinne von Wahrheit anzunehmen. Besonders die Wahrheit über das kleine Selbst. Und die Offenheit, dass es etwas geben könnte, das größer und liebevoller ist als ich selbst.«

Es gibt natürlich Menschen, denen die Idee des Tagesrückblicks zwar sinnvoll erscheint, die sich aber mit der christlich geprägten Methode nicht recht anfreunden können. Oder noch nicht. Weil sie vielleicht noch gar nicht genau wissen, wie sie ihre Spiritualität in Zukunft leben wollen. Der Weg zu mehr Selbsterkenntnis dient auch dazu, die eigene Spiritualität zu entdecken. Wem das »Gebet der liebenden Aufmerksamkeit« zu fromm ist, der kann jeden Tag ein »abgespecktes« Ritual durchführen. Die folgende Variante basiert zwar auf der ignatianischen Übung, ist aber religiös neutral und beinhaltet nur drei Fragen. Ähnliches praktizierten übrigens auch schon die Stoiker. Wenn man diese Fragen jeden Abend möglichst objektiv und ehrlich beantwortet, ist ein wichtiger Schritt zur Selbsterkenntnis getan.

1. Was ist mir heute gut gelungen?
2. Was habe ich heute schlecht gemacht?
3. Was kann ich ab morgen besser machen?

Auch hier liegt der Fokus auf der Gewissenserforschung, bei der man sich nicht als armes Opfer der Lebensumstände sieht, sondern selbst aktiv wird. Immer führt der Weg zu mehr Selbsterkenntnis von der Enge in die Weite. Er befreit uns vom ständigen Kreisen um uns selbst, weil wir auch unser Wirken nach außen ins Visier nehmen.

Wer sich in der Stille selbst beobachtet, wird, ob er es will oder nicht, mit vielen Bildern konfrontiert, die vor seinem geistigen Auge auftauchen. Manche erschrecken uns, weil wir uns nicht vorstellen können, dass sie zu uns gehören. Andere wiederum überraschen uns positiv. C. G. Jung bezeichnete die verdrängten und ungelebten Persönlichkeitsanteile als unseren »Schatten«. Je ehrlicher sich ein Mensch das Unbewusste bewusst macht, umso tiefere Einblicke in sein Selbst wird er erhalten. Da immer wiederkehrende Verhaltensmuster so leichter durchschaut werden, kann Selbsterkenntnis tatsächlich der erste Schritt zur Besserung sein.

Er ist nicht hier – Abschied vom vertrauten Gott

»Was bedeutet nun ›wahre Abgeschiedenheit‹ (…)? Das bedeutet, dass der Mensch sich von allem abkehre und trenne, was nicht rein und lauter Gott ist« (Predigten II, 154). Der Mensch, der auf den Grund seiner Seele hinabsteigt, wie Tauler es empfiehlt, kommt um »wahre Abgeschiedenheit« nicht herum. Der mittelhochdeutsche Begriff ist missverständlich. Tauler meint damit nicht etwa die Einsamkeit, sondern das, was wir heute als Abschied bezeichnen.

Spirituelle Reife ohne den Abschied vom vertrauten Gott ist kaum möglich. Spiritualität entwickelt sich. Geschieht dies nicht, ist das, als ob ein Mensch mit fünfzig immer noch denkt und redet wie ein Kind.

Die Vorstellung des stufenweisen Aufstiegs zu Gott und damit einer Vervollkommnung oder Transformation findet sich schon sehr früh in der Geschichte und in fast allen Kulturen. Der griechische Mönch Johannes Klimakos (ca. 579 bis ca. 649), Abt des Katharinenklosters auf dem Sinai, beschrieb in seinem Hauptwerk »Die Leiter zum Paradies« den Weg zur Einheit mit Gott. Als Blaupause diente ihm Jakobs Traum von der Himmelsleiter aus dem ersten Buch Mose. Dreißig Stufen waren zu bezwingen – die Zahl war nicht willkürlich gewählt. Sie orientierte sich an dem Alter Jesu, als er an die Öffentlichkeit trat. Die Stufenleiter gliederte sich in drei Teile: der Kampf gegen die Laster, die Loslösung von allen materiellen Bindungen, die Einheit mit Gott.

Auch Tauler nimmt in seiner Lehre eine zweifache Dreiteilung vor. Die Menschen, die den Weg zum Heil beschreiten, gliedert er in die *anhebenden* (anfangenden), die *zunemenden* (fortgeschrittenen) und *vollkommen lúte* (vollkommenen Leute). Die Anfänger befinden sich auf dem Reinigungsweg; die Fortgeschrittenen erlangen zunehmend Erkenntnis, und die Vollkommenen sind auf dem Weg der Erleuchtung. Interessant ist, dass Tauler diese drei Phasen seines Heilswegs nicht als chronologische Abfolge betrachtet. Nichts davon ist endgültig. Jeder kann und muss im Lauf seines Lebens, auch wenn er noch so weit vorangeschritten ist, wieder zum Anfänger werden. Das erinnert an den »Anfängergeist« im Zen-Buddhismus. Neugier, Offenheit, Nichtwissen zeichnen diesen Geist aus. Im Zen-Buddhismus empfiehlt man Meditierenden daher, so wie eine leere Teetasse zu sein. Denn in eine volle kann man keinen Tee einfüllen. Wer also etwas lernen und sich weiterentwickeln will, muss leer sein – interessiert, ohne Vorurteile und voller Erwartung dessen, was da kommt. Übrigens ist auch der Achtfache Pfad im Buddhismus ein spiritueller Weg, der in drei Gruppen gegliedert ist: die Weisheits-Gruppe, die Sittlichkeits-Gruppe und die Vertiefungs-Gruppe. Tauler verwendet in seiner Lehre noch ein weiteres Dreierschema: die Freude, die *jubilacio*, zu Beginn des Weges; das schon erwähnte *getrenge* – die Krise oder Bedrängnis; und die *übervart*, die Überfahrt, die er auch als Durchbruch bezeichnet und die der Erleuchtung gleichzusetzen ist.

Gerade Menschen in der zweiten Lebenshälfte entwickeln sich mehr und mehr zu spirituellen Wanderern. Sie sind unterwegs von einem Bewusstseinsraum zum nächsten, wie es in dem Buch »Gott 9.0« beschrieben ist, das Marion und Werner Tiki Küstenmacher zusammen mit Tilmann Haberer geschrieben haben. Aufbauend auf der integralen Philosophie Ken Wilbers entwerfen die Autoren ein neunstufiges Bewusstseinsmodell, das Individuen und Gesellschaften durchlaufen können. Jede neue Bewusstseinsebene ist sozusagen ein Update für den Glauben. Jeder Bewusstseinsstufe haben die Autoren eine bestimmte Farbe zugeordnet. Bei der Ebene 4.0 ist das beispielsweise Blau. Blau bedeutet: Denken in Regeln, Kontrolle, Unfreiheit. Hierarchische Strukturen und Gesetze spielen hier eine große Rolle. Das Weltbild ist dualistisch geprägt: Es gibt nur Gut und Böse. Gott ist der Allmächtige, der Richter. Streng religiöse Gruppierungen in und außerhalb der Kirche lassen sich häufig diesem Bewusstseinsraum zuordnen. Ein Beispiel: Frau S. stand damals in tiefstem Blau, wie sie heute sagt: »Ich habe eine Struktur gehabt. Ich war so richtig klassisch, im strengen, fundamentalistischen Stil Christ. Und das habe ich damals auch gebraucht. Damals war das für mich gut.«

Um die fünfzig beginnt für Frau S. eine Zeit des Suchens, die mit vielen Ängsten und dem Verlust bisheriger Freunde verbunden ist. Glaubenswahrheiten, die sie bisher für unumstößlich gehalten hat, stellt sie nun infrage. Sie arbeitet mit dem Enneagram, besucht Schweigeexerzitien und findet für längere Zeit im Spirituellen Zentrum St. Martin in München ihre geistliche Heimat. Doch auch hier wird es ihr irgendwann zu eng. Sie sehnt sich nach einer ganzheitlichen Spiritualität und besucht Seminare des Zen-Klosters in Dietfurt. »Da wurde von morgens bis abends sakraler Tanz oder Chi Gong gemacht, unterbrochen durch Zen-Meditationen. Ich habe überlegt, ob ich vielleicht mal nur Zen machen soll. Aber die sitzen da ja bis zu zwölf Stunden. Und ich bin ein Bewegungsmensch.«

Wilber und die Autoren des Buches »Gott 9.0« gehören zu den neuzeitlichen Anhängern von Theorien zur spirituellen Entwicklung. 1981 fand der Theologe und Psychologe James W. Fowler mit seinem Stufenmodell des Glaubens viel Beachtung. Fowler unterschied sechs Stufen, in denen sich der Mensch vom undifferenzierten zum universell-mystischen Glauben entwickeln kann. Wobei auch er die letzte und höchste Stufe – wenn überhaupt – nur jener Altersgruppe zutraute, die die Mitte des Lebens bereits überschritten haben. Interessant sind auch die in den 1980ern entworfenen Theorien von Fritz Oser und Paul Gmünder. Sie konnten mit ihrem Modell die Motive religiös sozialisierter Menschen erklären, die sie in bestimmten Lebensaltern zu spiritueller Praxis treiben. In der frühen Kindheit ist demnach das Motiv *Deus ex machina* vorherrschend: »Gott kann alles.« In dieser Lebensphase ist der Glaube an einen allmächtigen und allgegenwärtigen Gott präsent, mit dem sich auch unverständliche Zusammenhänge erklären lassen. Gott kann helfend oder strafend in diese Welt eingreifen. Gute Taten werden belohnt, schlechte bestraft. Jugendliche hingegen verfahren nach dem Motto »*Do ut des*« – »Ich gebe, damit du gibst«. Riten und Gebete werden dem Modell zufolge praktiziert, um Gott zu beeinflussen und für die eigenen Interessen einzuspannen. Das mag fragwürdig erscheinen, aber immerhin fühlt sich der Mensch nicht mehr so ohnmächtig. Er kann selbst etwas tun.

Der Übertritt von der zweiten zur dritten Stufe vollzieht sich häufig, nachdem die jungen Erwachsenen ihre erste spirituelle Krise erlebt haben: Gebete wurden nicht erhört; Wunder widersprechen den Naturgesetzen; Ungerechtigkeiten oder Grausamkeiten können mit dem Bild eines allmächtigen, gütigen Gottes nicht mehr vereinbart werden. Auf Stufe drei neigt der Mensch zum Deismus: »Gott tut und der Mensch tut.« Das Göttliche wird zwar rational geglaubt, allerdings greift er nicht mehr ein in diese Welt. Der Mensch ist selbst verantwortlich für sein Leben. Spiritualität, wenn sie denn praktiziert wird, dient der eigenen Seelenhygiene und hat nicht das Ziel, mit Gott in Kontakt zu treten. Auch atheistische Tendenzen sind in dieser Phase möglich.

Auch der Übergang von Stufe drei zu vier wird meist als krisenhaft erlebt. In diesem Stadium erfährt der Mensch seine Begrenztheit: Er kann nicht alles leisten. Das anzuerkennen, fällt schwer und wird als Rückschritt empfunden. Die Perspektive verschiebt sich. Er versucht, Transzendenz und Immanenz zu verbinden, Gottes Spuren im Alltag wahrzunehmen. »Der

Mensch tut, weil es Gott gibt«, so überschreibt Oser diese Entwicklungsstufe, auf der sich der Mensch auch der religiösen Vielfalt öffnet. Gott wirkt durch den Menschen.

Stufe fünf wird von den Forschern eher hypothetisch gesehen, da hier spirituelle Erfahrungen wie die *unio mystica* bzw. Erleuchtung erreicht werden. In dieser Phase ist die Rückbindung an eine religiöse Gemeinschaft überflüssig geworden. Göttliches und Menschliches, Heiliges und Profanes durchdringen einander.

Wie alle Modelle ist auch die Theorie von Oser und Gmünder umstritten und eben nur graue Theorie. In der Rückschau können all diese Konstrukte aber helfen, die eigene spirituelle Entwicklung nachzuvollziehen, um sich so selbst besser zu verstehen und den Weg frei zu machen für eine selbstbestimmte religiöse Identität.

Auch andere Forscher wie Helminiak, Peck und Liebert haben sich mit der religiösen Entwicklung beschäftigt. Die jeweiligen Konzepte unterscheiden sich in der Anzahl der Stufen und ihrer Interpretation. Fast allen ist gemeinsam, dass sie die oberste Entwicklungsstufe im mystischen Bereich ansiedeln und dass die höheren Stufen, wenn überhaupt, erst im reiferen Erwachsenenalter erreicht werden können. Problematisch ist die Bewertung der einzelnen Stufen. Die unteren werden in der Regel als minderwertig angesehen. Fowler, Oser und Gmünder verweisen aber darauf, dass der Mensch auch dort mit sich und der Welt zufrieden sein kann und Sinn im Leben findet. Anders als Tauler gehen die Forscher jedoch davon aus, dass die Stufen nacheinander erreicht werden, wobei es nicht möglich ist, eine davon auszulassen oder auf eine frühere zurückzukehren. Immer dann, wenn die bisherige religiöse Überzeugung neu gewonnenen Erkenntnissen oder Erfahrungen nicht standhält, kommt es zum Bruch und es muss ein Abschied vom vertrauten Gottesbild vollzogen werden. Genau das ist jedoch der Knackpunkt, und man muss sich fragen, ob Tauler mit seiner Sichtweise von der Umkehrbarkeit der spirituellen Entwicklung nicht näher an der Realität war.

Ein DFG-gefördertes Forschungsprojekt zur religiösen Entwicklung im Erwachsenenalter kam vor einigen Jahren zu dem Ergebnis, dass sich die Religiosität im Lauf des Lebens vielfach ändert. Die Studie wurde am Seminar für Pastoraltheologie der Universität Bonn in Kooperation mit dem Bistum Aachen unter Leitung von Prof. Dr. Walter Fürst und Dr. Andreas Wittrahm durchgeführt. Das Ergebnis der Untersuchung verblüffte die Forscher, hatte man bis dato doch angenommen, dass der Glaube, mit dem man groß geworden war, eine verlässliche Konstante im Alter bildete. Die kirchliche Seelsorge war sogar davon ausgegangen, dass die Menschen mit zunehmendem Alter noch frömmer würden, frei nach dem Sprichwort: »Mit dem Alter kommt der Psalter.« Das konnten die Forscher klar widerlegen, genauso wie die Vorstellung, dass spirituelle Entwicklung irreversibel ist. Vielmehr stellte sich heraus, dass sich Spiritualität über die gesamte Lebensspanne hinweg entwickelt. Befragt wurden Männer und Frauen aus ganz Deutschland zwischen 55 und 88 Jahren. »Je mehr Bewegung ein Mensch in seiner Biografie hatte, umso beweglicher ist seine Religiosität dann auch in seiner zweiten Lebenshälfte oder gegen Ende des Lebens. Je mehr Krisen die Frauen und Männer, mit denen wir gesprochen hatten, im Lauf ihres Lebens zu bewältigen hatten, umso differenzierter war auch ihr Glaubensverständnis, ihr Gottesbild und ihre Vorstellung, was Kirche für sie sein kann oder auch nicht sein kann«, erzählte Andreas Wittrahm mir im Interview.

Je gebildeter der Mensch, umso deutlicher wendet er sich von seiner überlieferten Herkunftsreligion ab. Es gibt Fälle, in denen der Abschied vom vertrauten Gottesbild scheinbar übergangslos vonstatten geht. Mit einem Mal wird man sich leerer Floskeln und sinnentleerter Rituale bewusst, und das vormals so selbstverständliche Vertrauen in Gott wandelt sich in blanke Ablehnung.

»Ich bin immer regelmäßig und gern zur Kirche gegangen«, erzählt beispielsweise Herr J. »Ich habe mich in der Jugendarbeit und im Kirchenvorstand engagiert. Aber ich weiß es noch wie heute, dass ich mit Mitte vierzig im Gottesdienst stand und erst beim Glaubensbekenntnis und dann beim Vaterunser dachte: Was rede ich da? Ich konnte die mir so geläufigen Texte nicht zu Ende sprechen. Ähnlich ging es mir bei den Liedern und den Bibelstellen. Erstmals hörte und las ich die Worte unbeteiligt und kritisch und empfand es als Zumutung, moderne Menschen zum Nachplappern fragwürdiger Inhalte anzuhalten. In dem Moment hatte ich das Gefühl, als gingen mir sämtliche Stalllaternen auf. Gleichzeitig schien es mir, als ob Gott alle Jalousien dichtgemacht hätte.«

Auch der kulturelle und gesellschaftliche Kontext sowie die religiöse Prägung spielen eine wichtige Rolle. Es macht nun mal einen Unterschied, ob religiöse Vorstellungen in der Kindheit eher theoretisch-rational vermittelt werden oder ob gelebte spirituelle Praxis im Vordergrund steht. Die Forscher konnten mit ihrer Studie zudem klar belegen, dass einige Menschen, die ihre spirituellen Vorstellungen im Lauf ihres Lebens mehrfach variierten, in der zweiten Lebenshälfte zu ihrer Ursprungsreligion zurückkehrten. »Das Gras ist anderswo auch nicht grüner«, meint Frau M. lapidar, die Zen-Buddhismus und Chanting praktiziert hat. Inzwischen ist sie wieder in den Schoß der katholischen Kirche zurückgekehrt. Tilmann Haberer, Pfarrer und Mitautor des Buches »Gott 9.0«, hat eine Erklärung für dieses Phänomen. »Wir haben die Form der Meditation im 20. Jahrhundert weitgehend aus Asien importiert. Dabei gibt es bei uns im Abendland auch einen reichen Schatz an Tradition, aber vor allem die evangelischen Christen haben sie in der Aufklärung verloren. Mystiker wie Meister Eckhart oder Teresa von Ávila hatten ähnliche Meditationsformen wie ein Zen-Meister. Und wenn wir an das kontemplative Gebet der Athos-Mönche denken, in dem der Jesus-Name oder der Satz ›Herr Jesus Christus, Sohn des lebendigen Gottes, erbarme Dich meiner‹ ständig wiederholt wird, dann kann man sagen, das ist eine Mantra-Meditation. Auch das Rosenkranzgebet ist im Grunde ein Mantra.«

In der Lebensmitte entwickelt sich häufig eine Art Meta-spiritualität. Vormals überzeugte Christen entdecken in den Wirren eines Wandlungsprozesses die Weisheit nicht-christlicher Religionen. Manche werfen ihre Anker in der esoterischen Szene aus. Auch eine Kombination aus allem, die sogenannte Patchwork-Spiritualität, hilft Männern und Frauen in dieser schwierigen Lebenslage über die Runden. Dass spiritueller Halt in dieser Lebensphase gesucht oder neu entdeckt wird, ist nicht weiter verwunderlich. Lebensübergänge sind meistens auch an die Sinnsuche gekoppelt.

In seinem Predigt-Zyklus zu Christi Himmelfahrt sagt Johannes Tauler: »Der Mensch soll ein sehnendes Verlangen tragen nach dem, den er liebt, der ihm so hoch und so weit enteilt ist und so gänzlich unbekannt und verborgen.« (Predigten II, 141). Gott möchte der Verborgene bleiben. Deshalb verbietet er dem Menschen, sich ein »Bildnis« von ihm zu machen. Und deshalb verrät er seinen Namen nicht, als Moses ihn fragt, wie er heißt. »Ich bin, der ich bin«, antwortet Gott. Das ist alles andere als eine Offenbarung. Nach altorientalischem Verständnis war der Name auch eine Verheißung, das heißt, der Name sagte etwas über das Wesen einer Person aus. Indem Gott sich weigert, seinen Namen zu nennen, weigert er sich auch, sein Wesen preiszugeben. Er will unbeschreibbar und unerkennbar bleiben. Genau das ist die Quintessenz der sogenannten Negativen Theologie.

Zum Weiterdenken
Viele intellektuelle Christen, die sich von tradierten Gottesbildern verabschiedet haben, sehen im Konzept der Negativen Theologie eine Richtung, in die sie weiterdenken können. Leute wie Andreas Benk zum Beispiel. Benk ist katholisch und lehrt am Ökumenischen Institut für Theologie und Religionspädagogik der Pädagogischen Hochschule in Schwäbisch Gmünd. Er habilitierte sich zum Thema »Philosophische Grundfragen der Theologie«. Benk möchte die Negative Theologie wieder mehr ins Gespräch bringen, weil sie uns daran erinnert, dass Gott unbegreiflich und unverfügbar ist und dass alle Begriffe, mit denen

wir unsere Gottesvorstellungen zum Ausdruck bringen wollen, immer »unangemessen« bleiben werden.

Negative Theologie ist dabei eine missverständliche Bezeichnung, denn es geht nicht um Negatives im wertenden Sinn. »Indem die Negative Theologie die Grenzen theologischer Sprache aufdeckt, sie benennt und nicht zu überspielen versucht, schenkt sie uns neuen Raum für elementares religiöses Fragen. Mit einer Theologie, die trotz aller Bestreitbarkeit, aller Gewagtheit noch von Gott zu reden versucht, lohnt es sich wieder zu beschäftigen, auch dann, wenn man religiösen Fragen skeptisch gegenübersteht«, meint Andreas Benk.

Die Negative Theologie erinnert an die grundsätzlichen Grenzen jeder Rede von Gott, ob im Gottesdienst, im Religionsunterricht oder in theologischen Abhandlungen. »Gott ist nicht gut und nicht gerecht« lautet denn auch der Titel eines Buches, das Andreas Benk über Negative Theologie verfasst hat. Dahinter steckt die Überlegung, dass all unsere Charakterisierungen und Beschreibungen nicht unbesehen auf Gott übertragen werden können, weil sie menschlichen Verhältnissen und Beziehungen entnommen sind. Gott ist nicht das, was wir uns unter gut, gerecht, barmherzig etc. vorstellen. Gott ist nicht das, was wir unter Vater, Retter oder auch Richter verstehen.

Eine Art Negative Theologie findet sich nicht nur im Christentum. Es gibt in der buddhistischen, in der hinduistischen, in der islamischen, aber auch in der jüdischen Tradition Formen negativer Theologie, deren Vertreter darauf hinweisen, dass all unsere Begriffe, Metaphern und Gottesvorstellungen nicht hinlänglich ausreichen, um Gott zu begreifen. »Nicht so, sondern anders«, lautet daher auch der Grundsatz der negativen Theologie. Ihre Wurzeln liegen in der Antike. Schon Platon sprach von der »Unsagbarkeit des Höchsten«. Als einer der frühesten Verfechter der Negativen Theologie aber gilt der Vorsokratiker Xenophanes. Seine Kritik richtete sich gegen die griechischen Mythen. »Wenn die Ochsen [und Rosse] und Löwen Hände hätten oder malen könnten mit ihren Händen und Werke bilden wie die Menschen, so würden die Rosse rossähnliche, die Ochsen ochsenähnliche Göttergestalten malen und solche Körper bilden, wie [jede Art] gerade selbst das Aussehen hätte« (Xenophanes, Aus den Sillen, 15). Für Xenophanes war die Unmöglichkeit, angemessen von Gott zu reden, kein Grund, von ihm zu schweigen. Er war der Erste, der es für passender hielt, von Gott in Negationen zu sprechen.

In der Zeit von etwa 300 vor Chr. bis 600 nach Chr. galt die ägyptische Hafenstadt Alexandria als das geistige Zentrum des östlichen Mittelmeerraumes. In der sogenannten Alexandrinischen Schule vermischte sich die griechische Philosophie mit jüdischen, christlichen und orientalischen Weisheiten. Einer der bedeutendsten Lehrer um die Zeitenwende war der Jude Philo. Stark vom griechischen Denken beeinflusst, befreite er den persönlichen Gott des Alten Testaments von allen weltlichen Eigenschaften und trieb die Negative Theologie voran. Gott ist unerkennbar und unbestimmbar, lehrte Philo. Griechisches Denken und jüdischer Glaube verschmolzen unter ihm zu einer fast perfekten Einheit. Philo läutete die Geburtsstunde der wissenschaftlichen Theologie ein. Etwa 150 Jahre später führte der Neuplatoniker Plotin Philos Gedanken fort und vertiefte sie sogar noch. Plotin interessierte sich sehr für die indische und persische Philosophie und schloss sich einem Feldzug an, um seine Forschungen auf diesem Gebiet voranzutreiben. Seine Lehre war vom östlichen Gedankengut inspiriert. In seinen berühmten »Enneaden« bezeichnete Plotin das oberste Urprinzip des Seins als »das Eine«, das alles umfasst. Das Eine ruht in sich selbst und übersteigt alle Vorstellungen. Es ist zugleich das Schöne und das Gute. Anders als die Philosophen vor ihm siedelte Plotin jedoch das Eine bzw. das Höchste außerhalb des Denkens an. Diese absolute Unvorstellbarkeit und Unfassbarkeit des Göttlichen kann Plotins Ansicht nach nur mit Verneinungen umschrieben werden. Man kann nur sagen, was es *nicht* ist. Gott ist in der Welt nicht vorhanden wie Menschen oder Dinge, die sich räumlich und zeitlich einordnen lassen. Obwohl alles mit Gott zu tun hat, ist weder alles in Gott, noch ist Gott in allem. Nur in der Erleuchtung, behauptete Plotin, sei es möglich, mit dem Ureinen eins zu werden. Viermal erlebte er selbst diese mystische Erfahrung.

Das Christentum, das sich zu dieser Zeit entwickelte, wurde vom Neuplatonismus entscheidend beeinflusst. Vor allem die Werke Philos fanden neue Beachtung. In den ersten Jahrhunderten vertrat die christliche Kirche keineswegs eine einheitliche Lehre. Es gab erbitterten Streit beispielsweise darüber, ob Christus Gottes Sohn ist oder nicht. Die alexandrinischen Kirchenväter Clemens und Origenes betrachteten Christus nicht als Erlöser, sondern wiesen ihm mehr eine Vorbildfunktion zu. Sie standen dem griechischen Denken nahe und vertraten eine negative christliche Theologie, die mehr und mehr zum Zankapfel wurde. Das frühe Christentum »wackelte« bedenklich, weil es auf zwei verschiedenen Säulen stand – einer griechisch und einer jüdisch geprägten. Zwischen fanatisierten Christen und den als heidnisch angesehenen Philosophen kam es zu gewalttätigen

Ausschreitungen. Die jüdisch-christliche Vorstellung von einer unüberwindbaren Kluft zwischen Gott und Mensch setzte ein bestimmtes Gottesbild voraus, das weder transzendiert noch negiert werden durfte – was bei den Neuplatonikern aber der Fall war. Außerdem stand die Philosophie in krassem Gegensatz zur Volksfrömmigkeit, denn die Negative Theologie entzieht dem sinnlichen Verehrungsglauben jegliche Grundlage. Ein Kultbild anzubeten, das einen Gott darstellt, verträgt sich nun mal nicht mit dem Anliegen Negativer Theologie, die jedes Gottesbild infrage stellt. Gott entzieht sich allen Versuchen, ihn begreifen zu wollen. Negative Theologie muss deshalb – damals wie heute – sämtliche Attribute, Namen und Begriffe um der Unverfügbarkeit Gottes willen ablehnen.

Im Jahr 313 erkannte der römische Kaiser Konstantin das aus dem Judentum kommende Christentum an. Es entwickelte sich zur Staats- und später zur Weltreligion. Die Anhänger des Neuplatonismus und der eng verwandten Negativen Theologie wurden nun verfolgt und unterdrückt. 529 n. Chr. verbot Justinian sogar den Unterricht in griechischer Philosophie. Doch die Negative Theologie lebte im Untergrund weiter. Dass sie im Mittelalter zu neuer Blüte gelangte, verdankte sie einem Mann, der unter dem Pseudonym Dionysius Areopagita etliche Schriften veröffentlichte. Darin versuchte er, christliches Gedankengut erneut mit der griechischen Philosophie zu verbinden. Von Gott, den er als Allursache bezeichnete, sagt er: »Jeglicher Denktätigkeit ist das über alles Denken erhabene Eine unausdenkbar, jeglicher Rede ist das alle Rede übersteigende Gute unaussprechlich, jene Einheit nämlich, welche jeder Einheit Einheitlichkeit verleiht, jene überwesentliche Wesenheit, jene keiner Vernunft zugängliche Vernunft und jenes durch kein Wort auszudrücken-de Wort, ein Nichtwort, ein Nichtwissen, ein Nichtname, alles das nach keiner Art von dem, was ist; Grund des Seins für alle Dinge und doch selbst nicht seiend, weil über alle Wesenheit erhaben.« (Dionysius §1, 20–21)

Die Schriften des Dionysios wurden im Mittelalter regelrecht verschlungen und vielfach kommentiert. Besonders bei Meister Eckhardt konnte die Negative Theologie auf diese Weise tiefe Wurzeln schlagen. Er schrieb: »Denn liebst du Gott, wie er Gott, wie er Geist, wie er Person und wie er Bild ist – das alles muss weg. ›Wie denn aber soll ich ihn lieben?‹ – Du sollst ihn lieben, wie er ist ein Nicht-Gott, ein Nicht-Geist, eine Nicht-Person, ein Nicht-Bild, mehr noch: wie ein lauteres, reines, klares Eines ist, abgesondert von aller Zweiheit. Und in diesem Einen sollen wir ewig versinken vom Etwas zum Nichts. Dazu verhelfe uns Gott.«

Der Gott in Eckharts Theologie ist der unvorstellbar »einige Eine«. Wie schon die alexandrinischen Kirchenväter sah auch Meister Eckhart in Jesus die höchste göttliche Erkenntnis, nicht aber ein göttliches reales Wesen. Er kritisierte daher die Ver-ehrung des historischen Christus'. Erneut geriet die Negative Theologie in Konflikt mit dem Dogmatismus der etablierten christlichen Kirche. Eckhart musste sich vor einem Inquisi-tionsgericht rechtfertigen. Etliche seiner Aussagen wurden als häretisch bezeichnet. Noch vor Abschluss des Verfahrens starb Meister Eckhart.

Genau wie den Vertretern der Alexandrinischen Schule ging es Meister Eckhart darum, mithilfe der Negativen Theologie ein einheitliches Weltbild zu schaffen, das Religion, Naturwissenschaft und Philosophie in sich vereinigte. Das konnte nur gelingen, wenn die religiösen Inhalte von irrationalen Vorstellungen befreit und philosophisch gedeutet wurden. Eckharts Vision hat sich bis heute nicht erfüllt. Ein einheitliches Weltbild wäre jedoch gerade heute im Zuge der Globalisierung wünschenswert und notwendig. In einer Welt, in der viele Kulturen und Religionen mit unterschiedlichen Gottesbildern aufeinanderprallen, könnte die Negative Theologie eine Chance für den interreligiösen Dialog sein. Da sie keine Aussage über das Göttliche zulässt noch Dogmen akzeptiert, wäre es möglich, die Widersprüche und Spaltungen zwischen den Religionen zu beheben. Denn über etwas, das nicht erkannt, benannt und definiert werden kann, kann auch nicht gestritten werden. »Keine Religion ergründet Gottes Wesen«, meint Andreas Benk. Und diese Einsicht ist seines Erachtens geeignet, die Ansprüche jeder einzelnen Religion zu relativieren: »Das bedeutet in keiner Weise eine Verleugnung eigener Überzeugungen, aber die Demut im Hinblick auf den eigenen Glauben schenkt neue Chancen und Möglichkeiten für das Gespräch mit anderen Religionen.«

Da die traditionelle Rede von Gott für viele unglaubwürdig geworden ist, erlebt die Negative Theologie zurzeit eine Renaissance. Kritiker halten dagegen, es sei schwierig, die Negative Theologie vom Atheismus abzugrenzen. Doch der Atheismus leugnet Gott. Negative Theologie leugnet Gott nicht. Im Gegenteil, behauptet Andreas Benk: »Ich setze meine Hoffnung, dass diese Welt noch zu retten ist, auf Gott. Aber der Gott, auf den ich hoffe, entzieht sich meinem Begreifen. Negative Theologie wendet sich nicht gegen den Glauben an Gott. Sie wendet sich gegen eine Theologie, die es sich zu einfach macht, indem

sie meint, mit ihren Bestimmungen Gott auf den Begriff gebracht zu haben.«

Andreas Benk ist Vater von vier Kindern, und nicht zuletzt deshalb ist er der Ansicht, dass man bei der Erziehung
die Grundlagen für einen entwicklungsfähigen Glauben legen
muss. Kinder sollen von klein auf wissen, dass es eine Plurali-
tät von Gottesbildern gibt und dass sich Gottesvorstellungen im
Lauf des Lebens verändern können. Viele Jugendliche sehen sich
seiner Ansicht nach getäuscht: Was man sie als Kinder glauben
machte, erscheint ihnen mit zunehmendem Verstand als unhalt-
bar. Negative Theologie in der Erziehung könnte also verhindern, dass Menschen sich später vom Glauben abwenden, weil
sie sich nicht ernst genommen fühlen mit ihren Zweifeln und
Fragen. So verstanden kann Negative Theologie zum Korrektiv
werden, das uns vor Augen führt, dass unsere Erkenntnis von
Gott stets fragmentarisch bleibt.

Heilsames Erschrecken – Wenn der Glaube nicht mehr trägt

Stanislav Grof, der Begründer der transpersonalen Psychologie,
ist davon überzeugt, dass Menschen, die aufgrund tiefer Selbst-
erforschung zu spirituellen Erfahrungen gelangen, sich meistens
nicht wieder der etablierten Kirche anschließen. Vielmehr erkennen sie, warum sie »den Kontakt zur wahren Spiritualität
verloren haben« (Grof, 323).

Anlass für eine grundsätzliche Auseinandersetzung mit spirituellen Fragen sind kritische Lebensereignisse wie Krankheit

oder Tod nahestehender Menschen, was in der Lebensmitte zwangsläufig öfter vorkommt als in jüngeren Jahren. In solchen Situationen braucht der Mensch das, was heutzutage mit Resilienz bezeichnet wird. Gemeint ist die seelische Widerstandskraft, mit der sich Krisen besser meistern lassen. Damit ausgestattet kommt man nach Schicksalsschlägen schneller wieder auf die Beine. Man lässt sich nicht unterkriegen, während andere in Depressionen versinken, die schlimmstenfalls sogar zum Suizid führen können. Man könnte diese psychische Widerstandsfähigkeit auf die Gene schieben. Doch so einfach ist es nicht. Hirnforscher bezweifeln, dass Menschen schon mit resilienten Anlagen auf die Welt kommen. Sie glauben, dass erst die Krise dem Menschen hilft, die resiliente Kraft in sich zu entdecken und zu entwickeln. Dabei sind geborene Optimisten mit zupackendem Wesen besser dran als Menschen, die von Natur aus eher zurückhaltend sind und Veränderungen scheuen. Auch die Größe des Geldbeutels spielt dabei eine Rolle. Denn fast jede Krise zieht auch finanzielle Konsequenzen nach sich. Ob es sich nun um eine Beerdigung handelt, um eine Scheidung oder um den Verlust des Arbeitsplatzes – zum seelischen Leid kommt oft noch die existenzielle Bedrohung. Wohlhabendere Menschen sind auch hier im Vorteil.

Resilienzfördernd wirken vor allem stabile Beziehungen aus Fleisch und Blut. Digitale Netzwerke können das nur unzureichend ersetzen. Natürlich gibt es Menschen, die ihre Kraft auch in der Natur, der Kunst oder im Glauben suchen. Und gerade Letzteres kann in Krisenzeiten enorm hilfreich sein. Metastudien haben ergeben, dass religiöse Menschen gesünder sind als solche, die mit dem Glauben nichts am Hut haben. Als Erklärung für dieses Phänomen ist mitunter zu hören, dass gläubige Menschen möglicherweise zu einer gesundheitsbewussteren Lebensweise neigen. Glaube wirkt sich aber nicht nur deshalb positiv auf die Gesundheit aus, weil die Lebensgewohnheiten entsprechend sind. Der Kirchgang allein, ohne innere Anteilnahme und Überzeugung, wird nicht sonderlich effektiv sein. Religiöse Gemeinschaften vermitteln Werte, die zu einer bewussteren Lebensweise führen können. Regelmäßige Kirchgänger sind aber vermutlich auch deshalb besser dran, weil sie soziale Kontakte mit Gleichgesinnten pflegen. Der gemeinsame Glaube verhilft zu Lebenssinn.

Halt und Hoffnung verschafft der Glaube in Krisenzeiten auch deswegen, weil der Mensch sich nicht selbst zum Maß aller Dinge machen muss. Er betrachtet sich nicht als den Nabel der Welt, sondern weiß sich aufgehoben in einem größeren Ganzen. Wer an ein göttliches Wesen glaubt, kann auf Misserfolge und Schicksalsschläge gelassener reagieren. Die Überzeugung, dass das eigene Leben einen Sinn hat, lässt nicht nur christlich geprägte Gläubige vieles leichter ertragen. Je stärker Spiritualität und Religiosität gelebt wird, umso größer ist der Resilienzfaktor.

Beten hilft. Das hatte der renommierte Harvard-Kardiologe Herbert Benson in einer früheren Studie nachgewiesen. Schon in den 1970er-Jahren stellte er fest, dass Gebete und Meditationen eine positive Wirkung auf seine Patienten hatten. Es handelt sich allerdings nicht um irgendwelche Gebete, sondern um bestimmte Gebetsformen, die Benson der östlichen Mantra-Meditation entlehnte. Mantraähnliche Gebete sind auch in der

Kabbala, der mystischen Form des Judentums, bekannt, ferner im Sufismus und auch in der orthodoxen Kirche, wo bis heute das Herzens- oder Jesusgebet praktiziert wird. Benson setzte seine Forschungen in den folgenden Jahrzehnten fort und kam zu dem Schluss, dass der Geist den Körper beeinflussen kann. Mit anderen Worten: Wenn sich der Geist beruhigt, entspannt sich der Körper. Benson gilt als Pionier dieser sogenannten Mind-Body-Medizin. Um den Geist zu beruhigen, entwickelte er eine einfache Entspannungs- und Meditationstechnik, die Benson-Meditation. Er empfahl seinen PatientInnen, ein sogenanntes Fokus-Wort, ein Bild oder einen kurzen Satz, zum Beispiel ein Gebet, zu wählen. Was immer es war, die Person sollte eine tiefe, innere Beziehung dazu haben. Es musste bedeutungsvoll für sie sein, etwas, von dem sie überzeugt war oder woran sie glauben konnte. Christen beider Konfessionen entschieden sich gern für die Worte »Unser Vater im Himmel«; »Der Herr ist mein Hirte« oder »Herr Jesus Christus, erbarme dich meiner«. Damit auch nichtreligiöse Menschen von seiner Methode profitieren konnten, stellte Benson ebenfalls säkulare Fokus-Worte zur Verfügung. Unter diesen waren zum Beispiel »Liebe«, »Frieden«, »Ruhe«, »Ozean« oder »Das Eine« sehr gefragt. PatientInnen muslimischen Glaubens wählten meist »Insha'allah«; Menschen mit jüdischem Hintergrund »Shalom« oder »Sh'ma Yisroel«. Und natürlich war auch die klassische mantrische Silbe »Om« oder »Aum« eines der meist gewählten Wörter.

Der Ablauf der noch immer beliebten und verbreiteten Benson-Meditation ist einfach: Hat sich die Person für ein Wort entschieden, setzt sie sich in ruhiger Umgebung bequem auf einen Stuhl, entspannt bewusst alle Muskeln und atmet gleichmäßig ein und aus. Jedes Mal beim Ausatmen soll das Mantra innerlich wiederholt werden. Störende Gedanken, die zwangsläufig auftauchen, werden wahrgenommen, aber nicht weiter beachtet. Der Fokus wird stattdessen sofort wieder auf das Mantra gelenkt. Benson empfiehlt, diese Übung zweimal täglich für zehn oder zwanzig Minuten zu praktizieren. Nach der Meditation bleibt man noch etwa eine Minute entspannt sitzen und kehrt dann langsam in den Alltag zurück.

Wir erinnern uns: Um den Nullpunkt zu überwinden, empfahl Johannes Tauler »tägliches, ordentliches inneres Üben«. Darunter verstand er, dass wir immer wieder innehalten, uns selbst beobachten und offen für Neues sein sollten. Tägliche Kontemplation oder Meditation ist dafür hervorragend geeignet.

Der Erfolg dieser schlichten Übung überraschte selbst Benson. Seine Arbeitsgruppe konnte nachweisen, dass durch die Meditation ein Entspannungsmechanismus in Gang gesetzt wurde, den Benson auch als *Relaxation Response* publik machte. Der Ausstoß von Stresshormonen wird deutlich reduziert. Dagegen nimmt die Ausschüttung derjenigen Botenstoffe zu, die Angst und Schmerz dämpfen. Diese senken zudem den Blutdruck und die Muskelspannung. Wer regelmäßig übt, kann dadurch seine Herzfrequenz verlangsamen, was dem Muskel guttut und ihn schont. Auch im Gehirn tut sich etwas: die Konzentrations- und Entscheidungsfähigkeit verbessert sich. Dieser Effekt ist genau das Gegenteil zur Stressreaktion, die jeder kennt: Herzrasen, schweißnasse Hände, zitternde Knie, Angst und Nervosität. Dieser Entspannungszustand wird jedoch nicht erreicht, wenn man vor dem Fernseher sitzt und nichts tut. Das Geheimnis des

Erfolgs liegt in der mentalen Fokussierung auf eine sich wiederholende Tätigkeit, zum Beispiel das Repetieren eines Mantras.

Bensons Experimente machten deutlich, dass die Entspannungsreaktion unabhängig vom Glaubenshintergrund eintritt. Es spielt keine Rolle, welchem Gott man huldigt, welcher Religion oder Konfession man angehört. Die Resultate sind immer die gleichen. Es macht auch keinen Unterschied, ob religiöse oder weltliche Fokus-Worte verwendet werden. Die Entspannung kann sogar durch eine gleichförmige Bewegung wie beim Gehen oder Joggen erreicht werden. Die Aufmerksamkeit richtet sich dann auf die Füße: links – rechts – links – rechts … Benson selbst favorisierte allerdings religiöse Praktiken, weil er davon überzeugt ist, dass der Mensch eine natürliche Antenne für Gott hat. Was Benson bei seinem Relaxation-Response-Experiment nämlich immer wieder nachdenklich stimmte, war die Tatsache, dass sich etwa 80 Prozent seiner ProbandInnen für ein religiöses Fokus-Wort entschieden. Sie glaubten nicht nur an die Wirksamkeit seiner Methode, sondern auch an ein transzendentes Wesen. 25 Prozent berichteten sogar, dass sie eine Art spiritueller Erleuchtung gehabt hätten, als sie die Entspannungsübung das erste Mal durchführten. Diese Erfahrung trat selbst dann ein, wenn sie säkulare Worte benutzten. Die Betroffenen gaben an, im oder außerhalb ihres Körpers die Präsenz einer Energie oder eines mächtigen Wesens gespürt zu haben, das ihnen sehr nahe war. Diese ProbandInnen, so stellte das Forscherteam fest, profitierten auch am meisten von der Entspannungsübung. In der Folgezeit stieg bei den ProbandInnen das Interesse an Spiritualität deutlich an. Ihr religiöses Blickfeld weitete sich, und sie hatten mehr Achtung vor der spirituellen Lebensweise anderer Menschen, egal, welchen religiösen Hintergrund diese vertraten.

Benson ging diesem Phänomen nach und kam zu dem Ergebnis, dass Spiritualität offenbar zur Grundausstattung des Menschen gehört. Sie ist seiner Ansicht nach ein angeborener Instinkt wie die Flucht angesichts einer Gefahr. Solange es Menschen gibt, haben sie einen Gott oder Götter verehrt. Gottvertrauen und Gottesanbetung sind in allen Kulturen und zu allen Zeiten üblich. Möglicherweise ist dieses kollektive Spiritualitätsbewusstsein die Erklärung dafür, dass so viele von Bensons ProbandInnen ein religiöses Fokus-Wort als »Geländer« für ihre Meditation benutzten.

Niemand kann beweisen, dass Gott existiert. Aber es kann auch niemand das Gegenteil beweisen. Gott kann bestenfalls erfahren werden. Doch unabhängig davon, ob es Gott gibt oder nicht, kann der Glaube an eine höhere Macht eine kraftvolle Ressource sein, um angesichts menschlicher Gebrechlichkeit und Vergänglichkeit nicht zu verzagen, sondern handlungsfähig zu bleiben. Der Glaube aktiviert die Selbstheilungskräfte im Menschen.

Der Glaube kann einem Menschen aber auch in einer lebensbedrohlichen Situation Überlebenswillen verleihen. Deshalb, so vermutet Benson, wird Spiritualität mit zunehmendem Alter immer wichtiger für uns. Viele Menschen suchen Trost im Glauben, wenn sie mit schweren Krankheiten oder anderen Schwierigkeiten konfrontiert sehen. Das ist normal. Nie aber wird die Frage nach Gott drängender als im Angesicht des Todes.

Resilienz ist nichts, was man einmal erwirbt und für immer besitzt. Schon in der nächsten Krise kann es ganz anders aussehen. Haben wir die letzte bravourös gemeistert, wirft uns die nächste Krise vielleicht völlig aus der Bahn. Dabei ist es unerheblich, ob sich die persönliche Resilienz eher aus dem Glauben oder aus anderen Faktoren speist. Der Glaube kann in Krisenzeiten helfen. Er tut es aber nicht immer. Und nicht jeder findet in einer Krise zu Gott.

»Wir haben gebetet, und Gott hat nicht geantwortet. Wir haben geschrien, und Er ist stumm geblieben. Wir haben Tränen geweint, die unsere Herzen verbrannten. Wir wurden nicht vor sein Antlitz vorgelassen. Wir hätten Ihm beweisen können, dass unsere Ansprüche bescheiden, dass sie erfüllbar sind, wo Er doch der Allmächtige ist; wir konnten Ihm klarlegen, dass die Erfüllung dieser Bitten im eigensten Interesse seiner Ehre in der Welt und seines Reiches ist – wie sollte sonst einer noch glauben können, dass Er der Gott der Gerechtigkeit und der Vater der Erbarmung und der Gott allen Trostes ist, dass Er überhaupt ist? Wir wollten über alle Gründe und Gegengründe hinweg an sein Herz appellieren, an das Herz, das sich einfach erbarmt [...] Warum hat der Schuft Erfolg und ist der Gerechte der Dumme [...], warum ist die Weltgeschichte ein einziger Strom von Dummheit, Gemeinheit und Brutalität? [...] Wir *haben* gebetet. Wir haben *gebetet*. Wir haben gebettelt. Wir haben glühende, beschwörende Worte zum Himmel emporgesandt. Es hat nichts genützt. [...] Wir haben gebetet. Aber wir wurden nicht erhört. Wir haben gerufen. Aber es kam keine Antwort. Wir haben geschrien, aber alles blieb so stumm, dass wir uns schließlich lächerlich mit unserem Geschrei vorgekommen wären, wenn es eben nicht von der Not und der Verzweiflung erpresst gewesen wäre« (Rahner, Von der Not 77f). Der katholische Theologe Karl Rahner schrieb diese Worte 1946 unter dem Eindruck der schrecklichen Kriegserfahrung. Das Bild eines allmächtigen, guten Gottes will nicht recht passen zu einer Welt, die von einer Blutspur unschuldig Leidender durchzogen ist. Was ist das für ein Gott, der angesichts der persönlichen und globalen Katastrophen schweigt? Was tun, wenn Gebete unbeantwortet bleiben und die Bilder vom lieben, gerechten Gott nicht mehr tragen? Die gängige Theologie reagiert auf derartige Verzweiflung mit affirmativen Belehrungssätzen. Gott sei dem Menschen nahe auch im Leid, heißt es dann oft. In den Ohren des Leidenden, der gerade das Gegenteil empfindet, klingt dies wie blanker Hohn. Er erlebt einen schweigenden, fernen Gott, der sich verbirgt und ihn in der größten Ausweglosigkeit alleinlässt.

Unzählige Menschen haben sich den Kopf über das Theodizeeproblem zerbrochen und wie Frau T. gefragt: »Herr, warum? Warum? … Aber es kommt ja keine Antwort. Und die Frage nach dem Warum, die hört jahrelang nicht auf.« Manche Menschen sehen in der schon erwähnten Negativen Theologie eine Möglichkeit, um dem Theodizee-Problem zu begegnen, eben jener quälenden Frage, warum Gott all das Böse und das Leid zulässt. Von einem Gott, der als nicht-allmächtig und nicht-gerecht gedacht werden kann, wird niemand unbedingt erwarten, dass er das Leid beendet. Die Begriffe nicht-allmächtig und nicht-gerecht sind jedoch keineswegs gleichbedeutend mit ohnmächtig und ungerecht. Die Negation ist lediglich ein Hilfsmittel, um auszudrücken, dass Gott sich nicht in gängige Kategorien pressen lässt. Sein Handeln wie auch sein Nicht-Handeln bleiben dem menschlichen Denken verborgen. Gott lässt nicht über sich verfügen.

Frau T.'s Tochter war ein lebensfrohes junges Mädchen. Mit sechzehn bekam sie eine psychische Erkrankung. Die Therapie bestand aus Medikamenten und Klinikaufenthalten. Zweimal versuchte sie, sich mit Tabletten das Leben zu nehmen. Zeiten, in denen es ihr besser ging, wechselten mit Phasen, in denen Frau T. befürchtete, ihr Kind würde sich wieder etwas antun. Die Ärzte versuchten, sie zu beruhigen: Ihre Tochter wolle nur Aufmerksamkeit auf sich ziehen. Wieder einmal kam ein Tag, an dem die inzwischen 22-Jährige aus dem Krankenhaus entlassen werden sollte. Glaubhaft versicherte sie den Ärzten, nicht gefährdet zu sein. Dabei hatte sie sich schon genau überlegt, wie sie ihrem Leben ein Ende setzen wollte. Diesmal wollte sie eine ganz sichere Methode wählen und sprang aus dem zwölften Stock. »Es läuft so vieles in einem ab, das kann man im Einzelnen überhaupt nicht schildern«, sagt Frau T. »Das lässt Mauern einstürzen, das erschüttert die Familie bis ins Fundament, und zwar jeden Einzelnen. Bis in das tiefste Sein.« Eine »ganz enge, symbiotische Beziehung« habe sie mit ihrer Tochter verbunden. Als sie starb, kämpfte Frau T. verzweifelt gegen Traurigkeit und Schuldgefühle an. Ein halbes Jahr später erkrankte sie an Krebs.

Das härteste Leid ist der Tod. Und der trifft einen umso härter, wenn ein nahestehender Mensch freiwillig aus dem Leben scheidet. Etwa zehntausend Menschen nehmen sich in Deutschland jedes Jahr das Leben. Damit sterben hierzulande mehr Menschen durch eigene Hand als durch Unfälle. Mal sind es Eltern, mal Partner und nicht selten auch Kinder. Die einzelnen Geschichten sind so unterschiedlich wie ein Fingerabdruck, doch der Schrecken und der Schmerz ist für alle Angehörigen gleich. Durch den Freitod eines nahestehenden Menschen geraten sie in eine extreme Ausnahmesituation. Wenn das Unfassbare geschieht, sind die Hinterbliebenen oft jahrelang nicht in der Lage, wieder ein annähernd normales Leben zu führen. Viele quälen sich hinterher mit der Frage, ob sie die Anzeichen für einen drohenden Suizid übersehen haben. Diese Selbstvorwürfe belasten den Trauerprozess enorm.

Hinterbliebene fühlen sich oft mit einem Schlag von aller Welt verlassen. Nachbarn wechseln plötzlich die Straßenseite. Frühere Freunde rufen nicht mehr an. Kollegen sind peinlich darauf bedacht, das Gespräch nicht auf das vermeintliche Tabuthema zu bringen. »Sie meinen, wenn sie dich nicht darauf ansprechen, dann denkst du nicht daran. Ich wollte aber immer gern darüber reden. Ich hätte mir auch gewünscht, dass mal jemand mit mir zusammen weint. Ich habe alleine geweint. Ich bin im Auto gefahren und habe geschrien und geweint, weil man das sonst nirgends kann; dann gilt man ja als verrückt«, erzählt Frau T.

Krankheit und Trauer verwandeln den Menschen. Nichts ist mehr so, wie es mal war. »Manchmal ist es leichter, manchmal ist es schwerer. Der Schmerz wechselt im Lauf der Jahre. Er ist nicht mehr ständig gegenwärtig«, sagt Frau T.

Die Zeit, die Hinterbliebene brauchen, um den Tod eines geliebten Menschen zu verarbeiten, variiert von Fall zu Fall. Die Trauerphase nach einem Suizid ist ein Prozess, der sich zwischen Loslassen und Neubeginn bewegt. Für manche Trauernde ist es hilfreich, den verstorbenen Angehörigen weiterhin in das eigene Leben zu integrieren. »Immer, wenn ich zu Hause bin, zünde ich eine Kerze an, die neben ihrem Bild steht. Etwa ein Jahr lang habe ich mich jeden Morgen vor das Foto gestellt und zu ihr gesagt: ›Meine Tochter, ich lass dich los in Liebe und Dankbarkeit.‹ Das habe ich schon mal gemacht, als mein Vater gestorben war, und das hat mir sehr geholfen. Dieses Ritual war auch bei meiner Tochter hilfreich. Irgendwann habe ich gemerkt, es wird leichter. Ja, es ist leichter geworden«, erzählt Frau T.

Spiritualität ereignet sich mitten im Leiden. Sie ist mehr als die Anwendung bestimmter Praktiken und Übungen. Sie ist Erfahrung der Transzendenz, Erahnen der Ewigkeit, Berührung des Göttlichen. Inzwischen hat auch die Medizin erkannt, dass dieser Bereich zwischen Arzt und Patient nicht ausgeklammert werden darf. *Spiritual Care* nennt sich das ganzheitliche Konzept, das Spiritualität und Medizin miteinander in Einklang bringen möchte. Sie ist eine wissenschaftliche Disziplin. In München entstand 2010 an der Ludwig-Maximilians-Universität (LMU) die erste und bislang einzige Professur für *Spiritual Care* in Deutschland. Eckhard Frick gilt als Mann der ersten Stunde. Der Jesuit ist Facharzt für psychosomatische Medizin, außerdem Psychiater und Psychoanalytiker mit eigener Praxis. An der Hochschule für Philosophie lehrt er psychosomatische Anthropologie. Den damals neu geschaffenen Lehrstuhl für *Spiritual Care* teilte sich Frick mit einem evangelischen Kollegen, bis 2015 die Stiftungsprofessur auslief. Nach zweijähriger Vakanz wurde sie 2017 wieder besetzt. *Spiritual Care* versteht sich als transreligiös. Das internationale Projekt stößt auch im jüdischen oder buddhistischen Kontext auf Interesse. 2016 wurde das erste buddhistische Zentrum für *Spiritual Care* in Deutschland errichtet.

Spiritual Care will Ärzte sensibilisieren für die »spirituellen Bedürfnisse kranker Menschen, für ihre Nöte, für ihre Wünsche, vielleicht auch für ihren Begleitungsbedarf«, erklärt Eckhard Frick. Es sind die Sinnfragen, mit denen sich Menschen an der Nahtstelle zwischen Leben und Tod konfrontiert sehen. Dieses Geschäft überließ man sonst gern den SeelsorgerInnen, während sich die Ärzteschaft lieber um messbare Größen kümmerte. Normalerweise fragt der Arzt den Patienten zwar nach seinen Schmerzen und seinem letzten Stuhlgang, nicht aber danach, woran er glaubt. Ursprünglich gehörte es jedoch zu den Aufgaben des Mediziners, den Menschen als Einheit aus Leib, Seele und Geist zu sehen. Der Glaube kann eine wichtige Ressource bei der Bewältigung der vielleicht letzten Wegstrecke sein. Bei nichtreligiösen Menschen ist es vielleicht der Glaube an sich selbst oder an die Familie. Die Aufgabe der in *Spirituals Care* geschulten Ärzte ist es, herauszufinden, wie der Kranke seine Spiritualität definiert. Aber auch der Arzt muss wissen, wie er spirituell tickt. Denn wer täglich mit der »Absurdität des Leidens« konfrontiert wird, so Frick, braucht etwas, das ihm Halt gibt, um nicht daran zu verzweifeln. Die Sehnsucht nach dem, was unser menschliches Denken übersteigt, kann sich im Klinikalltag auf verschiedene Weise ausdrücken, »die nicht verbaler Natur sind«, sagt Frick, zum Beispiel in einem Ritus, in einem vertrauten Lied, in einem Symbol oder einer brennenden Kerze.

»Spirituelle Erfahrungen machen lebendig, lösen Staunen aus, unter Umständen auch ein neuartiges Körpergefühl oder Ahnungen um eine eigentlichere Identität«, berichtet die Musik- und Psychotherapeutin Monika Renz. Sie hat seit 1998 die Leitung der Psychoonkologie am Kantonsspital St. Gallen inne.

»Eine Frau, ans Bett gefesselt, unfähig, sich auch nur umzudrehen, hielt über Tage äußere Ohnmacht und innere Dürre aus. Wie ich eines Morgens ins Zimmer trete, sagt sie zu mir: ›Heute ist ein glücklicher Tag. Ich fühle mich ganz frei, so als wären meine gelähmten Beine lebendig. Ich bin frei zu leben und frei zu sterben. Ich BIN einfach.‹ Über Stunden war diese Frau gelassen, bis sie ihrer Ohnmacht wieder gewahr wurde. Andere Patienten erfahren, indem sie ihrem Unfrieden standhalten, plötzlich unsäglichen Frieden. Dritte finden im Aushalten ihres unwürdigen Zustandes unerwartet zu Würde. So formulierte ein Mann nach einem offenbar heiligen Traum: ›Seltsam, ich bin zwar nur noch ein Haufen Dreck (vgl. Hiob 2,8). Und doch bin ich mehr. Es gibt mehr in mir als mich‹« (Renz, Grenzerfahrung, 15).

In der Lebensmitte kommt es darauf an zu akzeptieren, dass wir nicht alles im Griff haben, sondern dass wir uns dem Fluss des Lebens anvertrauen müssen.

Johannes Tauler ließ keinen Zweifel daran, dass zum Leben das Leiden gehört. Keinem Menschen bleiben Krankheit, Tod und Trauer erspart. Sogar die Liebe zu Gott ist mit Leiden verbunden, so Tauler. Letztendlich aber war er davon überzeugt, dass jegliches Leid sinnvoll ist. Es hilft nichts, sich dagegen aufzulehnen oder das Leid verdrängen zu wollen. Es geduldig zu ertragen, ist seiner Ansicht nach unumgänglich. Tauler nennt diesen Prozess die »Arbeit der Nacht«. Sie geht mit dem Gefühl der Verlassenheit und Trostlosigkeit einher. Tauler wusste, wovon er sprach. Er lebte in unruhigen Zeiten. Die Pest, Naturkatastrophen und zahlreiche politische Wirren sorgten für verzichtbare Abwechslung. Tauler riet, sich Gott zu überlassen, egal was kommt: »Er gebe oder nehme dir: bleib stets in gleicher Lage des Gemüts. So wirst du ein gelassener Mensch, wenn du alle Dinge von Gott auf gleiche Weise entgegennimmst: Lieb und Leid, Saures und Süßes, in wahrem, vollkommenem Frieden« (Predigten I, 268f).

Ganz ähnlich hatte es schon Epiktet ausgedrückt. In Gelassenheit solle man die Stürme des Lebens an sich vorüberziehen und sich durch nichts aus der Ruhe bringen lassen: »Sage nie von einem Ding: Ich habe es verloren; sondern: Ich habe es zurückgegeben. Dein Kind ist gestorben; – es ist zurückgegeben worden. Dein Weib ist gestorben; – es ist zurückgegeben worden. Dein Landgut wurde dir genommen. – Nun, also auch dieses ist nur zurückgegeben worden. – (…) Was geht es aber dich an, durch wen es dir derjenige wieder abgefordert hat, der es dir gab? – So lange er es aber dir überlässt, behandle es als fremdes Gut, so wie die Reisenden die Herberge« (Handbüchlein 24). Indem Epiktet freiwillig das Unvermeidliche akzeptierte, konnte er seine Energie auf das konzentrieren, was seinem eigenen Einflussbereich unterlag. Das war vor allem die Beherrschung der Emotionen. Gelassenheit gelingt am besten, indem wir lernen, gegenwärtig zu sein. Die Stoiker empfahlen die Übung der Achtsamkeit. Beharrlich solle der Mensch sein Denken und Handeln selbst beobachten und prüfen, wie es um seine Gelassenheit bestellt ist. Das klingt beinahe buddhistisch. Und tatsächlich ist in fast allen Religionen die Gelassenheit erklärtes Ziel aller Übungen. Doch nirgends fällt einem die Gelassenheit in den Schoß wie ein reifer Apfel. Sie zu erlangen, ist anstrengend. Das hat auch Frau L. erlebt, die seit etwa 25 Jahren Zen praktiziert. »Als ich die Diagnose Brustkrebs erhielt, war dies zwar ein Schock, aber ich dachte mir, der sei ja heutzutage gut behandelbar. Doch kaum hatte ich mich von der Operation und der Therapie erholt, kam die nächste Hiobsbotschaft: Mundhöhlenkrebs. Da wurde es schwierig mit der Gelassenheit.« Ihre Freundinnen erteilten Frau L. kluge Ratschläge, zum Beispiel den, dass sie einfach loslassen müsse. Aber das sei wenig hilfreich, erklärt Frau L. Denn das bedeute doch, dass sie im Grunde weiterhin an etwas festhalten wolle – am Leben, an der Gesundheit. Der Buddhismus lehrt jedoch die Kunst des Nicht-Anhaftens und der Nicht-Identifikation. »Meine Aufgabe sehe ich nicht im Loslassen, sondern im Geschehenlassen«, sagt Frau L. »Seitdem ich das erkannt habe, stehe ich nicht mehr unter dem Druck, ständig gegen meine Krankheit ankämpfen zu müssen.«

Bei Johannes Tauler wie schon bei seinem Vorbild Meister Eckhart ist Gelassenheit die wichtigste spirituelle Eigenschaft. Eckhart hat das Wort Gelassenheit vermutlich in die deutsche Sprache eingeführt. Sie zu erreichen und zu kultivieren ist die Aufgabe der Lebensmitte.

In gewisser Weise stellt sich die Gelassenheit mit zunehmendem Alter von selbst ein. Allerdings nur dann, wenn wir bereit sind, aus früheren Erfahrungen zu lernen. Wenn wir in der Lebensmitte zurückblicken, erkennen wir, dass wir viele schwierige Situationen überstanden und gemeistert haben. Die Probleme, mit denen wir konfrontiert werden, wiederholen und ähneln sich im Lauf unseres Lebens. Und so wissen wir mit jedem Mal besser, was eine bestimmte Situation in uns auslöst und wie wir darauf reagieren werden. Wenn wir uns mit dem Erlebten auseinandersetzen, es also reflektieren, dann können wir unsere Reaktionen der jeweiligen Situation von Mal zu Mal besser anpassen. Habe ich früher eine schwierige Situation gemeistert, ist das zwar keine Garantie dafür, dass ich sie auch diesmal bewältigen werde, aber die Wahrscheinlichkeit dafür ist höher.

Gelassenheit hat mit verschiedenen Formen des Lassens zu tun. Eckhart wie Tauler dachten dabei vor allem an das Loslassen. Die christlichen Mystiker waren sich mit anderen Weisheitslehrern darin einig, dass niemand rechte Gelassenheit erlangt, der nicht bereit ist, freiwillig auf materielle Güter zu verzichten. Reichtum ist keine Schande, aber es geht um die innere Haltung zum Überfluss. Auch Seneca war ein reicher Mann. Aber sein Herz hing nicht am Wohlstand. Die Stoiker mahnten, eine innere Distanz zu den Dingen und übrigens auch zu sich selbst zu bewahren. Auf der Suche nach vertiefter Spiritualität muss nämlich auch das eigene Ich mit seinem falschen Selbstbild losgelassen werden. Um sich Neuem zu öffnen, soll der Mensch Platz in seinem Innern schaffen und ganz leer werden – ein Gedanke, der auch im Buddhismus zu finden ist. Tauler nennt diese Leere »Gelassenheit«, manchmal auch »Ledigkeit«: Wir entledigen uns aller Vorstellungen und Wünsche. Das entstehende Nichts ist die Leere, die Gott füllen kann.

Es sind nicht nur die Lebensumstände, die wir zu erdulden haben. Auch Menschen, die wir »ertragen« müssen, fordern uns zur Gelassenheit heraus. Johannes Tauler sah im Akt des Sich-Überlassens, des Geschehenlassens, auch ein Gotterleiden, vor allem dann, wenn die Gelassenheit den Aspekt der Verlassenheit mit einschließt, wie das Tauler in einigen seiner Predigten thematisiert.

Die höchste Kunst der Gelassenheit besteht jedoch darin, sämtliche Bilder und Vorstellungen fahren zu lassen, die wir mit Gott verbinden. Mit fortschreitender Kontemplation soll der Mensch »über die bildhaften Vorstellungen auf die Stufe der Bildlosigkeit steigen«, predigte Tauler. Auch in dieser Forderung der christlichen Mystiker finden sich Schnittmengen mit neuplatonischem und buddhistischem Gedankengut. Im Buddhismus gilt der Satz: »Wenn dir der Buddha begegnet, so töte ihn.« Das heißt: Der Verzicht auf jedwede bildhafte Vorstellung macht die Begegnung mit dem Göttlichen erst möglich. Ob Vipassana, Zen, Yoga oder die christliche Kontemplation, alle spirituellen Wege wissen um die Notwendigkeit der Bildlosigkeit, des Eintauchens in das Nichts. Gelassenheit ist keine Gleichgültigkeit, keine Weltflucht, sondern eine Haltung, die in ihrer höchsten Form zur Freiheit befreit. Sie ist eine Haltung der Hingabe, der Ergebenheit, was im Übrigen die Übersetzung des Begriffes »Islam« ist.

In der westlichen Welt tun wir uns heute schwer mit der Hingabe. Sie schmeckt nach Resignation, nach Passivität und nach Selbsterniedrigung. Schlimmstenfalls weckt der Begriff Assoziationen an Selbstmordattentäter, die im Namen Allahs in den Dschihad ziehen, um im Kampf gegen Andersgläubige ihr Leben zu opfern. Doch wahre Hingabe äußert sich nicht in Gewalt. Hingabe heißt, Gott mit ganzem Herzen zu dienen. Und das gilt sowohl für den Islam als auch für das Christentum. Denn Hingabe ist keineswegs ein Monopol des Islam. Im Originaltext des Korans werden Abraham, viele Propheten sowie Jesus und seine Jünger als Muslime bezeichnet. Muslim zu sein bedeutet nichts anderes, als Gott ergeben zu sein. »Wende dich von ganzem Herzen Gott zu«, heißt es im Koran in der Sure 73,8. Analog dazu werden wir im 5. Buch Mose aufgefordert:

»Du sollst den Herrn, deinen Gott, lieben von ganzem Herzen, von ganzer Seele und mit all deiner Kraft.«

Die Hingabe folgt aus dem Glauben. Dieser Aspekt durchzieht das gesamte biblische Denken. Abraham verließ seine Heimat und tauschte noch im hohen Alter vertraute Traditionen gegen eine ungewisse Zukunft ein. In der Fremde war er sogar bereit, Gott seinen Sohn zu opfern. Auch die Apostel gaben alles auf, um Christus nachzufolgen. Das Neue Testament ermuntert uns, all unsere Sorgen auf Gott zu werfen, was ohne Vertrauen und bedingungslose Hingabe kaum möglich ist. Und auch der Satz »Dein Wille geschehe« im Vaterunser entspricht ziemlich genau dem, was mit »Islam« gemeint ist:

»Hingabe im islamischen Sinne ist so etwas wie die Zurücknahme des eigenen Willens vor dem Willen des Herrn«, sagt Milad Karimi. »Nicht, dass wir unsere Freiheit abgeben, sondern dass wir gerade in Freiheit uns im Angesicht Gottes sehen. Hingabe hat etwas mit Liebe zu tun. Und mit Vertrauen.«

Milad Karimi kam mit dreizehn Jahren als Flüchtling aus Afghanistan nach Deutschland. Heute lehrt er islamische Religionsphilosophie und Mystik an der Universität Münster. Milad Karimi ist gerne Muslim. Und er setzt sich für einen weltoffenen und toleranten Islam ein. Für seine wissenschaftliche Publikation »Hingabe« erhielt er 2015 den Rumi-Preis für islamische Studien. In seiner Abhandlung verweist Karimi immer wieder auf den großen islamischen Gelehrten al-Ghazali. Der persische Theologe lebte im 12. Jahrhundert. Nach einer spirituellen Krise wandte sich al-Ghazali der islamischen Mystik, dem Sufismus, zu. Sein ganzes Leben war geprägt von der Sehnsucht nach Gott. Ihren Ausdruck findet diese Sehnsucht, so Ghazali, in der völligen Hingabe an Gott. »Und das Herz ist geschaffen, geschaffen für das Jenseits. Dabei ist die Aufgabe des Herzens das Streben nach der Glückseligkeit. Und seine Glückseligkeit liegt in der Erkenntnis Gottes, des unübertrefflich Erhabenen« (Karimi, Hingabe, 64).

Vollkommenes Gottvertrauen ist praktizierte Hingabe. *Tawakul* nennen das die Sufis. Nach islamischer Auffassung äußert sich die Hingabe eines Muslims vor allem in der Verwirklichung der sogenannten fünf Säulen. So werden die Regeln bezeichnet, die jeder Muslim einhalten muss. Dazu gehören außer dem täglichen fünfmaligen Pflichtgebet auch das Glaubensbekenntnis, die Gabe von Almosen, die Pilgerfahrt nach Mekka und das Fasten. Im Ramadan dürfen Muslime einen Monat lang tagsüber weder essen noch trinken. »Das ist unglaublich hart«, gibt Milad Karimi unumwunden zu. »Es ist Sommer und Sie schwitzen und das ist alles sehr schwierig, aber gerade darin werden Sie an etwas erinnert: dass das, was uns am Leben hält, nicht nur Essen und Trinken ist. Und das tut gut, weil Sie auch einmal sehen, dass Sie ein Wesen zweier Welten sind, wie Kant es sagen würde; dass Sie auch ein transzendentes Moment in sich haben. Und das üben Sie in dieser Welt. Es ist ein Akt der Freiheit, weil Glauben niemals anders funktionieren kann. Das lese ich aus der islamischen Tradition heraus.«

Im Koran findet sich an mehreren Stellen die Aufforderung, unablässig Gottes zu gedenken – auch und gerade im Leid, denn »im Gedenken Gottes finden die Herzen Ruhe«. Muslime sollen deshalb freiwillig zum täglichen Pflichtgebet noch zusätzliche Gebete einschieben. Eines davon ist das *dhikr*. Das mantraähnliche *dhikr* wird laut oder leise praktiziert. Meist versucht der Sufi, die Gebetsformel mit dem Atem zu verbinden, sodass sich das Gebet mehr und mehr im Herzen verankern kann und mit der Zeit automatisiert abläuft. Ziel ist es, mit jedem Atemzug der Gegenwart Gottes näherzukommen. Die Technik erinnert an das bereits erwähnte Jesus- oder Herzensgebet.

Es ist erschreckend, wenn man eines Tages feststellt, dass der tradierte Glaube nicht mehr trägt. Da hat man sich jahre-, mitunter auch jahrzehntelang darauf verlassen, dass Gott, der Allmächtige, hilft und dass man ihm vertrauen kann. Und jetzt, mit einem Mal, ist es einem nicht mehr möglich. Da gerät man in eine Situation, der man nicht gewachsen ist. Die Welt bricht über einem zusammen und man bittet Gott um Hilfe. Und was geschieht? Nichts. Gott schweigt. Die Situation verändert sich nicht; sie verschlimmert sich unter Umständen sogar. Kann man unter diesen Umständen noch an Gott glauben?

Ein Beispiel: Das Ehepaar L. lebt zurückgezogen in einer repräsentativen Wohnung in München. In der Mitte ihres Lebens stirbt ihr einziges, lang ersehntes Kind an Leukämie. Die Pfarrer sind mit dem Leid überfordert. Fragen tun sich auf: Wie sollen wir diesen Gang durch die Hölle ertragen? Wie sollen wir jemals wieder einen Sinn im Leben finden? Ist das gerecht? Ist Gott gerecht? Warum geschieht so etwas uns, die rechtschaffen leben, während andere, die sich kaum Gedanken um Werte und Tugenden machen, ihr fragwürdiges Leben munter und uneingeschränkt fortsetzen können? Das sind Fragen, die schon Hiob beschäftigten und so alt sind wie die Menschheit selbst. Sie setzen voraus, dass Leid, das uns zustößt, eine Strafe Gottes ist. Daher wenden sich viele abrupt von Gott ab, wenn das Leben aus den Fugen gerät.

Wenn der Glaube nicht mehr trägt, stürzt nicht nur ein Kartenhaus, sondern ein ganzes Lebensgebäude in sich zusammen. Menschen, die solches durchmachen, fühlen sich betrogen. Es gibt diesen Gott offenbar nicht, dem sie so lange hinterhergelaufen sind. Sie kommen sich albern vor. Wie konnten sie nur an einen Gott glauben, der sich um ihre persönlichen Belange kümmert? Oft ist es für Erwachsene sehr schwer, das übernommene Gedankengut abzuwerfen und sich seinen eigenen Erfahrungen auszusetzen. Manchen gelingt dies nur um den Preis des Religionsverlustes oder gar des Gottesverlustes.

Zweifel an Gott und der tradierten religiösen Lehre gehören sicherlich zu den häufigsten Gründen, warum Menschen sich vom Glauben verabschieden. Manchmal legt sich die Unsicherheit auch wieder und alles läuft weiter wie zuvor. In vielen Fällen jedoch stürzen Menschen in eine spirituelle Krise. Der Zweifel gehört zum Glauben.

Neben dem Theodizee-Problem, also der Frage, wie ein gütiger, barmherziger Gott Leid zulassen kann, trägt auch das Verhalten der kirchlichen Vertreter dazu bei, dass Menschen den Glauben verlieren. Die zahlreichen Missbrauchsfälle in der katholischen Kirche nahmen etliche Christen zum Anlass, sich nicht nur von der Kirche zu verabschieden, sondern auch Gott den Laufpass zu geben. Es stimmt nachdenklich, wie selbstverständlich Gott mit menschlichem Fehlverhalten gleichgesetzt wird.

Nicht mehr glauben zu können ist für viele Menschen mit einem inneren Ringen verbunden. Ob der Glaube in Krisenzeiten hilft, hängt ganz entscheidend vom Glaubenssystem des Menschen ab. Dabei spielt die Konfession keine Rolle, sondern die Frage, wie sich Schwierigkeiten im Glaubensgefüge unterbringen lassen. Wenn der Glaube »dehnfähig« genug ist, dann werden die Probleme zwar nicht geringer, doch der Gläubige verliert nicht den Boden unter den Füßen. Er hält sich nicht lange bei der Frage auf: Wie konnte Gott das geschehen lassen?, sondern vertraut darauf, dass Gott ihn auffangen wird und dass es nach der dunklen Phase auch wieder hell werden wird.

Findet der Mensch in all seinen Zweifeln jedoch keine für ihn stimmige Antwort, wendet er sich vielleicht enttäuscht von Gott oder seinem Glauben ab. Ein Glaube, der nicht trägt und der keinen Halt bietet, ist verzichtbar. Die Konsequenzen daraus sind unterschiedlich. Einige treten aus der Kirche aus. Andere legen ihren Glauben ab wie ein altes Kleid, das nicht mehr passt, bleiben aber weiterhin Mitglied ihrer Kirche. Oft hört man dann Argumente wie: »Die Kirche erfüllt wichtige soziale Aufgaben, die ich mit meiner Kirchensteuer unterstützen möchte.« Manche geben auch unumwunden zu, dass sie trotz des Glaubensverlustes kirchliche Übergangsriten wie Hochzeit, Taufe oder eine christliche Trauerfeier wünschen. Bei einigen Menschen hat man den Eindruck, dass sie innerlich spüren, dass ihre Abkehr von der Kirche nur ein Zwischenstadium von unbestimmter Dauer sein könnte. Sie wollen das Band nicht gänzlich durchschneiden, das sie mit ihren religiösen Wurzeln verbindet. »Ich komme mir vor, als verlöre ich dann meine Identität«, meint Frau P.

Manche spüre jedoch, dass sie eine längst überfällige Entscheidung treffen sollten, und treten aus der Kirche aus. Es ist wie in einer Beziehung, in der man sich miteinander nicht mehr wohlfühlt und weiß: Gehen ist besser als Bleiben. Doch auch wenn dies mit einer bewussten Abkehr von Gott verknüpft ist, muss das kein Abschied für immer sein. »Ich habe das Gleichnis vom verlorenen Sohn nie richtig verstanden«, sagt Herr G. »Offen gesagt habe ich mich immer über die ungerechte Behandlung der beiden Brüder geärgert. Inzwischen interpretiere ich das Gleichnis für mich so: Man muss gehen, um zurückkehren zu können. Ich musste Gott erst einmal den Rücken kehren, um viele Jahre später zu ihm zurückfinden zu können. In dieser Zeit wollte ich mit Spiritualität jedweder Art nichts mehr zu tun haben – auch nicht aus der Ferne.«

Wenn Menschen krisenbedingt mit ihrem Glauben hadern, kann es sein, dass sie sich radikal von Gott abwenden und ihr Weg sie in den Atheismus führt. Manche erleben nur eine vorübergehende atheistische Phase. Manche bleiben ihr für den Rest des Lebens treu. Atheisten wollen deutlich machen, dass man auch gottlos glücklich sein kann und dass auch die »Ungläubigen« ein Recht auf eine stärkere Wahrnehmung in der Öffentlichkeit haben. Doch muss der Mensch nicht irgendetwas glauben? Was gibt einem Atheisten Halt und Sinn?

»Wenn ich einen Glauben habe, dann ist es der in meine eigene Willenskraft oder Schaffenskraft oder in meine eigene mentale und körperliche Gesundheit. Ich habe ein hohes Vertrauen in mich selbst, denn ich kenne mich ja selbst auch am besten und am längsten«, sagt Assunta Tammelleo. Sie gilt als Bayerns bekannteste Atheistin. Oder sollte man besser Agnostikerin sagen? Die Grenzen sind mitunter fließend. Unter den Menschen, die sich als Atheisten bezeichnen, finden sich solche, die überzeugt sind, dass Gott nicht existiert, aber auch jene, die sich dessen nicht so ganz sicher sind. Assunta Tammelleo weiß nicht genau, ob es Gott gibt. »Für mich ganz persönlich würde ich sagen, nichts deutet darauf hin, und deswegen sage ich immer: Ich bin Atheistin, wohl wissend, dass es im Prinzip nicht korrekt ist. Ich müsste sagen, ich bin Agnostikerin. Ich kann es ja nicht belegen.«

Atheisten und Agnostiker haben eines gemeinsam, weshalb sie auch oftmals verwechselt werden: Sie glauben nicht an Gott. Doch während der Atheist davon überzeugt ist, dass es Gott nicht gibt, halten es die Agnostiker mit Protagoras. Der griechische Philosoph lebte im 5. Jahrhundert v. Chr. und beschrieb seinen agnostischen Standpunkt mit den Worten: »Was die Götter angeht, so ist es mir unmöglich zu wissen, ob sie existieren oder nicht, noch was ihre Gestalt sei. Die Kräfte, die mich hindern, es zu wissen, sind zahlreich, und auch ist die Frage verworren und das menschliche Leben kurz.«

Zu kurz, um sich überhaupt mit der Frage nach Gott zu beschäftigen, meinen die religiös Indifferenten. Sie vertreten eher einen pragmatischen Agnostizismus und haben in der Regel keine religiöse Sozialisation erfahren. Ihnen ist die Auseinandersetzung mit dem Glauben völlig gleichgültig. Es gibt einen schönen jüdischen Witz: Sagt ein Jude: »Ich glaube nicht an Jahwe.« Und der andere antwortet: »Das hast du nun davon.« Das ist ein Atheismus, der mit dem Glauben rechnet, der in einer Welt lebt, in der Glaube der Normalfall ist wie auch die Überzeugung, dass es einen Gott gibt. Religiöse Indifferenz hingegen heißt, noch nicht einmal Atheist zu sein.

Der Atheismus wird heutzutage gern in den klassischen und neuen Atheismus eingeteilt. Der sogenannte neue Atheismus ist als Antwort auf den neuen Theismus zu verstehen, der vor allem in den USA fröhliche Urstände feierte und dann nach Europa schwappte. Dabei handelt es sich um Christen, die hauptsächlich aus evangelikalen Bewegungen stammen und die die Bibel wortwörtlich verstanden wissen wollen – auch die Schöpfungsgeschichte. Neue Atheisten wie neue Theisten haben ein gravierendes Problem: »Die neuen Atheisten können sich nicht vorstellen, dass nicht alles, was im Leben passiert, naturwissenschaftlich erklärt werden kann, und die neuen Theisten können sich nicht vorstellen, dass nicht alles, was im Leben passiert, religiös codiert sein muss«, sagt Armin Nassehi. Er ist Professor für Soziologie an der Ludwig-Maximilians-Universität in München. Zu seinen Forschungsschwerpunkten zählt auch die Religionssoziologie. Im Rahmen seiner Studien hat er sich ausgiebig mit dem sogenannten neuen Atheismus beschäftigt, ein Schlagwort, das, ausgelöst durch Richard Dawkins Bestseller »Der Gotteswahn«, von Zeit zu Zeit durch die Medien geistert.

Ob Schöpfungsgeschichte oder Urknall – über die Entstehung der Welt macht sich Assunta Tammelleo keine Gedanken. Für die ehemalige Unternehmerin, die im bayerischen Oberland eine Schaumstoff-Firma leitete, gibt es Wichtigeres zu tun. »Ich finde mein Leben sehr spannend. Mich interessiert ja noch nicht einmal die Galaxie um mich herum. Warum soll ich mir also Gedanken über etwas machen, das Lichtjahre von mir entfernt liegt? Auch der Urknall beschäftigt mich überhaupt nicht. Ich erlebe hier und jetzt so viel. Ich kenne so viele Leute. Ich habe so viele interessante Sachen zu tun. Das finde ich sehr erbaulich, und ich freue mich, dass ich noch gesund und munter bin. Das reicht mir schon. Ich behaupte auch immer, dass ich keine Seele habe. Vielleicht habe ich sogar eine, ich weiß es ja gar nicht, aber ich beschäftige mich nicht damit. Ich glaube, das ist bei jedem atheistisch geprägten Menschen ganz unterschiedlich, so wie unter Christen ja auch nicht jeder innig an Gott glaubt.«

»Glaube heißt, nicht wissen wollen, was wahr ist«, sagt Friedrich Nietzsche in seinem Werk »Der Antichrist«. Doch geht es überhaupt um das wissen *wollen*? Ist es nicht eher das Nicht-wissen-*Können*, das vielen Menschen den Zugang zum Glauben versperrt? Immanuel Kant kam zu der Erkenntnis, dass Glauben und Wissen zwei unterschiedliche Zugangsweisen zur Welt sind. Im Grunde begegnen sich an diesem Punkt gottlose und gottgläubige Menschen, denn Wissen setzt Beweise voraus, und die können weder Theisten noch Atheisten liefern. Armin Nassehi meint: »Auch die Theologie als wissenschaftliche Disziplin beweist ja nicht, dass Gott existiert, sondern sie kann zeigen, in welchen Zusammenhängen bestimmte Chiffren gelten oder nicht gelten, wie man bestimmte Sachen ausdrücken kann und wie nicht.«

Für den Theisten ist die mangelnde Beweislage kein Grund, *nicht* an Gott zu glauben. Der Atheist sieht aber gerade darin das größte Hindernis. Er glaubt nur auf der Basis der Realität. Gläubige Menschen empfehlen ihren zweifelnden oder ungläubigen Zeitgenossen gern, die Bibel zu lesen und sich mit Gott, Kirche und Religion näher auseinanderzusetzen. Doch genau das taten viele Atheisten, bevor sie sich für ein Leben ohne Gott entschieden. Auch Assunta Tammelleo kennt die Heilige Schrift besser als so mancher Christ. Die Tochter eines italienischen Gastarbeiters und einer schwäbischen Mutter wuchs im katholischen Umfeld auf. Jeden Sonntag musste Assunta mit ihrer Familie zu

Fuß zweieinhalb Kilometer in die Kirche laufen. »Man musste mich gar nicht dazu zwingen«, sagt Assunta. »Mit zehn Jahren bin ich freiwillig gegangen.«

Die feierliche Atmosphäre des katholischen Gottesdienstes faszinierte sie von klein auf. Für das Mädchen, das in ärmlichen Verhältnissen groß wurde, war der Kirchgang wie ein Ausflug in eine andere, bessere Welt. Wäre sie nur nicht so nachdenklich gewesen! Assunta stellte Fragen. Viele Fragen. »Wenn ich etwas nicht verstand, dann habe ich meistens meine Mutter oder Freundinnen gefragt. Und ich habe dann festgestellt, die hören im Gottesdienst ja gar nicht richtig zu. Das, was ich gehört habe, das haben die gar nicht mitbekommen, zum Beispiel das Gleichnis, das der Pfarrer gelesen hat. Da war ich dann schon ein bisschen verblüfft. Wieso hört denn da keiner zu?«

Assunta versuchte, Antworten in Büchern zu finden, zum Beispiel in der damals aktuellen Schrift des Marburger Philosophen Joachim Kahl: »Das Elend des Christentums oder Plädoyer für eine Humanität ohne Gott«. Besonders ausgiebig beschäftigte sie sich aber mit der Bibel selbst. Doch die Fragen blieben. Es kamen sogar immer noch weitere hinzu. Unbequeme Fragen, auf die selbst Pfarrer und Lehrer keine vernünftige Antwort geben konnten. »Ich kann mich entsinnen, da war damals dieses Theodizee-Problem. Bangladesh war jedes Jahr überschwemmt, da sind ganz viele Kinder gestorben. Das hat mich sehr beschäftigt. Und wenn man daraufhin die Antwort bekommt: ›Das ist begründet im freien Willen des Menschen‹ – das ist pädagogisch dann doch ein bisschen ungenügend und hat nicht dazu geführt, mich zufriedenzustellen. Ich habe dann halt weitergelesen und weitergefragt.«

Längst ist Assunta aus der Kirche ausgetreten. Heute ist sie stellvertretende Vorsitzende des »Bundes für Geistesfreiheit« und überall dort anzutreffen, wo es um Gleichberechtigung, Menschenrechte und Religionsfreiheit geht. Mal lässt sie einen Atheismus-Bus durch Deutschland touren, der für Furore gesorgt, weil in großen Lettern darauf steht: »Es gibt mit an Sicherheit grenzender Wahrscheinlichkeit keinen Gott!« Ein Satz, der die Gemüter etlicher Christen erhitzte. Schon fürchteten sie, dass die Atheisten sie von ihrem Glauben abbringen wollten. Assunta Tammelleo: »Null Gläubige wurden von uns bekehrt. Das ist mir auch ein Anliegen. Null!! Sie können zu so einer Überzeugung auch niemanden bekehren. Was hätte ich davon? Ich bin ja nicht Papst oder bekomme Steuergelder. Allerdings: Ich selbst will natürlich auch nicht bekehrt werden.«

Die Buskampagne war nur eine von vielen Aktionen, mit denen die Atheisten auf sich aufmerksam machen wollen. Die allgegenwärtige Religiosität ist in ihren Augen ein Unding. Selbst politische Debatten sind religiös gefärbt – und das nicht nur in den USA, sondern auch in Deutschland. Der Soziologe Armin Nassehi meint: »Es ist tatsächlich so, dass es bisher noch keiner Gesellschaft gelungen ist, selbst wenn sie es explizit wollte, die religiöse Rede abzuschaffen. Mein schönstes Beispiel dafür ist immer die Jugendweihe in der DDR, bei der die Akteure noch nicht einmal die Möglichkeit hatten, einen religiösen Begriff zu vermeiden. Das hieß ›Jugend-Weihe‹. Ich weiß gar nicht, ob das den Leuten wirklich aufgefallen ist. Das ist natürlich keine religiöse Veranstaltung. Sie unterschied sich auch gar nicht so stark von Konfirmationsfeiern. Was in den Familien geschah, war im Grunde genau dasselbe. Da hat man zwar keine Bibel bekommen, sondern Bücher über die Geschichte des Sozialismus. Es ist das Bedürfnis da, Sätze zu sagen über etwas, was nicht so richtig existiert – über die Ganzheit des Lebens. Da sucht man nach Formen, nach Symbolen, und das ist auch in atheistischen politischen Systemen der Fall. Es scheint so zu sein, dass zwar Individuen auf Religion verzichten können, Gesellschaften jedoch nicht.«

Lauter als je zuvor rufen die Atheisten nach einer strikten Trennung von Kirche und Staat. Sie verlangen mehr Toleranz nichtreligiösen Menschen gegenüber und fordern eine stärkere, vor allem aber gleichberechtigte atheistische Präsenz in der Öffentlichkeit. Doch daran hapert es noch. Allein die Absicht, ein öffentliches Verkehrsmittel als Werbeträger für atheistische Sprüche zu nutzen, scheiterte im Vorfeld der Buskampagne, sagt Assunta Tammelleo: »Sie können jeden Bus in der ganzen Republik pflastern mit religiöser Werbung, aber Sie können keinen Bus mieten, der gottlose Werbung macht, und da denke ich mir, das ist nicht sehr großherzig.« Und Armin Nassehi sinniert: »Man könnte sagen, eine Gesellschaft, die keinen Atheismus mehr braucht, die hat sich sozusagen mit ihrer Religion versöhnt. Das wäre die positive Variante. Die negative Variante ist: Eine Gesellschaft, in der es nicht einmal mehr Atheismus gibt, hat ihre Religiosität verloren. Man müsste einmal darüber nachdenken, welcher der beiden Sätze stimmt …«

Wenn ein Atheist aber nicht an Gott glaubt – woran glaubt er dann? »Einen richtigen Glauben – so was habe ich tatsächlich nicht«, sagt Assunta Tammelleo. »Ich bin wirklich zutiefst davon überzeugt, dass ich, vom großen Ganzen aus betrachtet, so unwichtig bin wie alle anderen. Der beste Beweis wird sein: Wenn ich tot bin, dreht sich die Welt für alle anderen weiter. Ich glaube nicht daran, dass ich unersetzlich bin. Ich glaube auch nicht an das Gute im Menschen, denn damit sind wir alle überfordert. Wir sind alle mal gut und mal schlecht, und wir sind manchmal auch nur so gut, wie die Umstände es zulassen. Wenn man mich jetzt fragt, woran ich glaube, was mir Halt gibt, dann muss ich sagen: Nichts! Halt gibt mir nur die Tatsache, dass ich eigentlich eine ganze Menge bewirken kann, solange ich relativ kräftig bin und engagiert. Davon bin ich überzeugt, aber nicht, weil ich das glaube, sondern weil ich das weiß. Ich habe eine sehr hohe Willenskraft. Die trägt mich, und ich weiß genau, die trägt mich irgendwann auf einen Schlag einmal nicht mehr.«

Diese Grenzsituation hat Assunta Tammelleo schon erlebt. Ihr erstes Kind starb mit acht Monaten. Christen versuchen in solchen Momenten meist, Trost in ihrem Glauben zu finden. Aber wie wird ein atheistischer Mensch mit solchen Schicksalsschlägen fertig? »Es ist wahrscheinlich für Christen schwer, sich vorzustellen, dass ich in keinem Moment in Versuchung war zu beten«, antwortet Tammelleo. »Nicht einen Moment. Konsequenterweise müssen Menschen, die glauben, sich die Frage nach dem Sinn stellen. Wenn sie wie ich nicht Geschöpf eines Schöpfers sind oder in direktem Kontakt mit einem himmlischen Vater, dann haben Sie das Glück, dass Sie sich nicht fragen müssen: Wo liegt der Sinn? Weil Sie davon überzeugt sind, es gibt keinen – so nüchtern das klingt.«

Für Atheisten liegt der Sinn des Lebens allein im Sein, und dieses Sein erstreckt sich nur auf die Zeitspanne zwischen Geburt und Tod. Zwar schließt Assunta Tammelleo als Agnostikerin ein Weiterleben nach dem Tod nicht gänzlich aus, auch wenn es ihr nicht plausibel erscheint. Für einen Atheisten jedoch ist der Tod der endgültige Schlusspunkt des Lebens. Wenn aber der Glaube an das Jenseits und an Gott ausscheidet, dann bleiben nur noch der Glaube an das Diesseits und an den Menschen. Atheistischer Glaube ist der Glaube an ein Leben in selbstbestimmter Verantwortung; der Glaube an Lebensfreude statt Höllenangst, aber auch der Glaube an humanistische, ethische Werte. Assunta Tammelleo zitiert gern ein Bibelwort, was für Atheisten eher ungewöhnlich ist: »An ihren Taten sollt ihr sie erkennen.« Sie selbst tut viel. In ihrem Betrieb konnten Migranten eine spezielle Förderung in Anspruch nehmen, die ihnen die Integration erleichterte. Sie schrieb für ihre ausländischen Mitarbeiter Briefe an Behörden, organisiert Veranstaltungen gegen Rassenhass und Fremdenfeindlichkeit. Sie unterstützt ein Waisenhaus in Istanbul, betreibt die Kleinkunstbühne »Hinterhalt« und vieles andere.

Aber gibt es unter Atheisten auch so etwas wie mystische Erfahrungen, vielleicht sogar Spiritualität ohne Gott? Tammelleo meint: »Na klar! Für viele Atheisten liegt das Schöne im Leben im Zauber der Natur. Man kann durch die oberbayerischen Berge radeln und dann hat man da schon so Andachtsmomente. Man richtet diese Andacht nicht an einen Schöpfer, sondern an ein großes Ganzes. Manche haben da auch so ein mystisches Gefühl. Genauso ist es, wenn man sich der Endlichkeit seiner Existenz bewusst wird und erkennt, dass man nichts ewig hat. Auch die Zeit mit guten Freunden und den Kindern ist besonders wertvoll, weil man ja nicht an ein Wiedersehen in der Ewigkeit glaubt.«

Die alten Fragen nach dem Leid, dem Schmerz, dem Tod, dem Versagen bleiben, und sie werden von religiösen und nichtreligiösen Menschen unterschiedlich beantwortet. Ein Wechsel der Perspektive könnte allerdings dazu führen, offener und unverkrampfter miteinander ins Gespräch zu kommen. Denn Atheisten gibt es, seit es Religionen gibt, gibt Armin Nassehi zu bedenken: »Der Atheismus ist etwas, das es in der jüdisch-christlichen Tradition immer gegeben hat. Vieles in der jüdischen alttestamentarischen Tradition war geradezu atheistisch. Man muss sich das vorstellen, was es bedeutet, einen *Deus absconditus* (verborgenen Gott) zu denken in einer sozialen Umwelt, in der die Götter überall waren, doch auf einmal sagt jemand: ›Moment, ihr könnt nichts von Gott wissen, ihr könnt ihn nicht sehen, er wirkt womöglich nicht einmal in diese Welt hinein.‹ Das ist eine Form von Atheismus – auch im Sinn von Enttäuschung. Es hat immer Kritik am Religiösen gegeben.«

»Die Unsichtbarkeit Gottes macht uns kaputt. Wie soll man diesen Menschen solche Dinge predigen? Wer glaubt denn das noch?«, schrieb der evangelische Theologe Dietrich Bonhoeffer in einem Brief an einen Freund. Die uralte Frage nach Gott kann nur von jedem Einzelnen ganz persönlich beantwortet und geglaubt werden.

Frag nicht, wo er wohnt – Im spirituellen Niemandsland

Eine Hamburger Psychologin untersuchte für ihre Dissertation die Frage, ob religiöse Menschen weniger anfällig für Depressionen sind als nichtreligiöse Menschen. Und siehe da: Menschen, deren Glaube eine stabile Grundlage hat und die fest von ihrer religiösen Auffassung überzeugt sind, sind tatsächlich seltener depressiv. Doch bevor voreilige Schlüsse gezogen werden, sei gleich der zweite Teil des Ergebnisses verraten: Dasselbe gilt auch für kernige Atheisten. Jene Menschen aber, die keinen eindeutigen Standpunkt vertreten, die weder vom Glauben noch vom Unglauben absolut überzeugt sind, die sich weder links noch rechts, sondern mehr in der Mitte aufhalten – im spirituellen Niemandsland sozusagen –, leiden am ehesten unter Depressionen. Klare Entscheidungen tun dem Menschen offenbar gut, selbst wenn er sie später revidieren sollte. Zu wissen, wohin man gehört, erleichtert das Leben ungemein.

Im Zuge der spirituellen Entwicklung können Depressionen aufgrund der Erfahrung von Gottverlassenheit auftreten. *Deus absconditus*, der verborgene oder sich verbergende Gott, wird häufig mit der »dunklen Nacht der Seele«, wie Johannes vom Kreuz die Depression nennt, assoziiert. Doch nicht zwangsläufig muss die Abwesenheit Gottes als bedrückend empfunden werden. Schon gar nicht, wenn jemand von sich aus den Kontakt zu Gott abbricht. Es gibt einen gefühlten Unterschied zwischen der Gottverlassenheit und der Abwesenheit Gottes. In der Himmelfahrtsgeschichte heißt es, dass die Jünger dabei waren, als Christus sich vor ihnen verbarg. Sie begriffen, wo er hinging, konnten ihm aber nicht folgen. Doch sie hatten seine Zusicherung, dass er ihnen immer nahe sein würde, auch wenn sie ihn nicht sähen. Der Evangelist Lukas berichtet (Lk 24,52–53), dass die Jünger nach dem Himmelfahrtsereignis »mit großer Freude« nach Jerusalem zurückkehrten. Freuen kann man sich, wenn man den anderen gut aufgehoben weiß, und erst recht, wenn man sicher ist, dass man sich wiedersehen wird. Es ist wie mit einem Menschen, der innerhalb derselben Wohnung in einem Zimmer sitzt mit geschlossener Tür. Die Mitbewohner wissen, dass er da ist, auch wenn sie nicht ungehindert zu ihm kommen und ihn nicht unmittelbar mit ihren Händen greifen können.

Anders verhält es sich mit dem abwesenden Gott, der zugleich als *abweisend* empfunden wird, ein Zustand, den der Mensch als Gottverlassenheit deutet. Der Gottverlassene verlässt Gott nicht. Er wird von Gott verlassen. Er weiß nicht, wann und warum ihm Gott abhandengekommen ist. Er war nicht dabei, als Gott sich vor ihm verbarg. Er kann nicht sagen, wo er ist. Er weiß nicht einmal, ob er überhaupt *ist*. Der Gottverlassene leidet nicht nur darunter, dass Gott fern von ihm ist. Er leidet unter einer grundsätzlichen Ungewissheit. Das ist wie in einer zwischenmenschlichen Beziehung, in der ein Partner verlassen wird und sich nicht sicher ist, ob der andere je wieder zu ihm zurückkehren wird. Da kommt keine Freude auf, sondern Depression. So entsteht »die dunkle Nacht der Seele«, von der Johannes vom Kreuz zwei Jahrhunderte nach Tauler sprach. Der Mystiker hatte Taulers Schriften gelesen, die damals schon in spanischer Übersetzung vorlagen. Beide Männer haben die Gottesferne erlebt. Johannes Tauler beschreibt diese schwierige Zeit sehr detailliert: »Und da wird der Mensch sich so sehr selbst überlassen, dass er von Gott gar nichts mehr weiß; und er gerät in solche Drangsal, dass er nicht weiß, ob er je auf dem rechten Weg gewesen ist, ob es einen Gott für ihn gebe oder nicht, ob er (selbst) lebe oder nicht, und darum wird ihm so seltsam wehe, dass ihm die ganze weite Welt zu enge wird. Er hat weder irgendein Empfinden noch ein Wissen mehr von Gott, und alles andere ist ihm zuwider, und ihm ist, als hänge er zwischen zwei Wänden und ein Schwert bedrohe ihn von rückwärts und ein scharfer Speer von vorne. Was soll er dann tun? Er kann weder nach rückwärts noch nach vorwärts ausweichen« (Predigten II, 305).

Wenn es weder rückwärts noch vorwärts geht, dann bleibt eben nur – herzwärts. Es macht unter diesen Umständen wenig Sinn zu fragen, wo Gott jetzt wohnt. Jeder, der sich zu neuen spirituellen Ufern aufmacht, sollte wissen, dass dieser Weg auch durch Nacht und Nebel führen kann. Auch bei Johannes Tauler gehört die Nachterfahrung zum spirituellen Weg, der mit der Selbsterkenntnis beginnt. Er bezeichnet diese Zeit auch als »Gotliden«, als Gotterleiden. Fast alle MystikerInnen sprechen von dieser Nacht des Glaubens, auch zeitgenössische wie Mutter Teresa. Lächelnd – immer lächelnd. So kannte man und so liebte man sie. Doch wie es in ihr aussah, erfuhr die Welt erst zehn Jahre nach ihrem Tod. Da tauchten plötzlich Briefe auf, eine erschütternde Dokumentation, die eine ganz andere Mutter Teresa zeigen, eine, die unter der Dunkelheit der Gottesferne litt wie Johannes vom Kreuz, wie Teresa von Ávila, wie Johannes Tauler oder auch Thérèse von Lisieux: »Dieses furchtbare Gefühl der Verlorenheit – diese unbeschreibliche Dunkelheit – diese Einsamkeit, dieses beständige Verlangen nach Gott, das in meinem Herzen tiefen Schmerz verursacht. Es herrscht eine solche Dunkelheit, dass ich wirklich nichts sehen kann – weder mit meinem Geist noch mit meinem Verstand. Der Platz Gottes in meiner Seele ist leer. In mir ist kein Gott. Der Schmerz des Verlangens ist so groß … Gott will mich nicht«, vertraute Mutter Teresa ihren Aufzeichnungen an.

»Bei ihr war der mystische Zugang für uns alle völlig verborgen. Ich kann guten Gewissens sagen, wir haben nichts davon gemerkt«, erinnert sich Leo Maasburg. Der österreichische Priester, der auch der Seligsprechungskommission angehörte, hat Mutter Teresa viele Jahre auf ihren unzähligen Reisen durch die ganze Welt begleitet. Sie nannte ihn »Father Leo«. »Es gab eine ganz kleine Ausnahme«, so Maasburg, »wenn sie allein war und sich nicht beobachtet gefühlt hat, dann war sie sehr gesetzt, sehr ernst. Und kaum ist jemand dazu gestoßen, war sie wieder ganz da. Sie hat nie über ihre dunkle Nacht gesprochen, sie hat nur selektiv darüber geschrieben. Wir waren alle sehr erstaunt, als wir die Dokumente gesehen haben. Es war kein Glaubenszweifel, sondern es war einfach eine vollkommene Empfindungsabwesenheit. Die tröstende Nähe, die Freude in der Liebe Gottes, einfach das Leben mit Gott und das Leben in der Wahrheit – das war plötzlich alles weg. Man kann sagen, sie war plötzlich ohne Geländer und hat das ja auch in sehr erschütternden Worten beschrieben.«

Die dunkle Nacht stellt sich meist nach der ersten Begeisterung ein, die auf die Selbsterkenntnis folgt und den spirituellen Neubeginn einleitet. Sie ist ein trostloses, aber wichtiges Zwischenstadium, denn, so paradox es klingt, nur im Nichterkennen kann Gott erkannt werden. Diese Leere zu erleben kann den Menschen allerdings hart an seine Grenzen führen.

Diese spirituelle Erfahrung ist keineswegs nur ein christliches Phänomen. Der Meditationsforscher Peter Sedlmeier von der TU Chemnitz beschreibt sehr anschaulich den Fall einer Lehrerin, die nach einem mehrwöchigen Retreat in einem buddhistischen Kloster nach Deutschland zurückkehrte und bald darauf in einen fast dreiwöchigen Stupor verfiel: Sie »wurde also vollkommen unbeweglich, aß, trank und sprach nicht mehr und wurde künstlich ernährt«. Ein ehemaliger buddhistischer Mönch erfuhr von ihrer Geschichte und besuchte die Frau in der Psychiatrie. Er »hatte ihre außergewöhnlichen Erfahrungen als eine spezifische Stufe der entsprechenden Meditationsrichtung, umgangssprachlich als ›dunkle Nacht‹ bezeichnet, diagnostiziert, ihr das mitgeteilt und deutlich gemacht, dass er sie nicht für verrückt hielt. Er kommunizierte zunächst mittels Ja/Nein-Fragen (Kopfnicken oder -schütteln) mit ihr und machte ihr klar, dass keinerlei Eile bestand und sie mit sich selbst geduldig und sanft umgehen solle« (Sedlmeier 181).

Diesen Rat erteilt auch Tauler. Der Mensch gerät bei seiner Gottessuche mitunter in Bedrängnis. Man kann nichts gegen diesen Zustand tun. Ob es sich um die alltäglichen Verrichtungen handelt oder um spirituelle Praktiken, wie beten oder meditieren – nichts geht mehr. Hinter so machen psychologischen Krankheitserscheinungen wie z. B. Burn-out kann sich eine handfeste spirituelle Krise verbergen. Tauler hält es sogar für gefährlich, sich Hilfe zu suchen, um diesen Prozess abzukürzen. Seiner Ansicht nach hilft nur: Durchhalten und Abwarten: »Bleibe allein mit dir selber, lauf nicht fort, ertrag dein Leiden bis zum Ende, und suche nichts anderes! So laufen etliche Menschen (…), und suchen immer nach etwas anderem, womit sie der Drangsal entgehen können. Das ist gar schädlich. Oder sie beklagen sich und fragen die Lehrmeister und werden (dadurch) noch mehr verwirrt. Halte dich in dieser Not frei vom Zweifel: nach dem Dunkel kommt der helle Tag, der (lichte) Sonnenschein. Hüte dich, wie wenn es um dein Leben ginge, davor, dass du auf nichts anderes verfällst, sondern harre aus! Wahrlich, wenn du dabeibleibst, so ist die Geburt (Gottes in dir) nahe und wird in dir vor sich gehen. (...) Wenn dir ein Geschöpf (diese Drangsal) abnimmt, es sei wer immer, ist es mit der Gottesgeburt in dir vorbei« (Predigten II, 310).

Der Weg zu spiritueller Reife führt häufig in die Nichterfahrung Gottes. Wie lange dieser Zustand dauert? Das kann niemand im Voraus sagen. Mutter Teresas »Nacht der Seele« begann um die Zeit ihrer Ordensgründung und dauerte Jahrzehnte, vermutlich sogar bis zu ihrem Tod. Nicht jeder strebt allerdings nach der ganz großen Erleuchtung oder dürstet nach mystischen Erfahrungen. Das Gefühl, »in ein Loch zu fallen«, bleibt allerdings auch denen nicht immer ganz erspart, die sich in der Zeit der Lebensmitte ernsthaft um eine spirituelle Neuausrichtung bemühen.

Das große Wandlungsthema der Lebensmitte heißt: Veränderung der Lebensrichtung. Nun geht es darum, den Aufbruch zu wagen, zurück nach Hause zu gehen, nämlich bei sich selbst anzukommen. Spätestens jetzt spüren viele den Drang, authentisch zu leben. Sie möchten die vielen Widersprüche in ihrem Leben miteinander versöhnen. Sie wollen zu ihren Gefühlen stehen und nur noch das tun, was sie selbst für richtig halten. Vor allem aber möchten sie endlich ihr Leben selbst in die Hand nehmen und nicht länger fremdbestimmt sein. Manche haben den Eindruck, noch gar nicht richtig gelebt zu haben, selbst dann, wenn sie vieles erreicht haben. Schemenhaft nehmen sie wahr, dass das, was sie vermissen, nicht in äußeren Dingen zu finden ist, sondern im Nichtfassbaren. Das irritiert. Wäre es nur die Unzufriedenheit im Job oder mit dem Partner – man könnte etwas dagegen tun. Man könnte die Arbeitsstelle wechseln. Man könnte vielleicht sogar noch einmal einen ganz neuen Beruf ergreifen. Man könnte die Reißleine ziehen, wenn die Beziehung nicht mehr zu retten ist, und alles zurück auf Anfang setzen. Manche wollen und tun es auch. Aber mit dieser unbestimmten Sehnsucht im Bauch, die nicht zu benennen und zu greifen ist, scheint blinder Aktionismus wenig zielführend zu sein. Denn das Ziel ist vielen unbekannt. Um das Ziel zu kennen, müssten sie zunächst einmal den Grund der irrlichternden Unruhe kennen. Meist unfreiwillig sehen sich viele zur Tatenlosigkeit verdammt. Die Krise aushalten. Warten, bis sich irgendein Hinweis zeigt, wie es weitergehen könnte. Instinktiv spüren viele, dass die Antwort auf ihre Fragen aus der Stille, aus ihrem Inneren aufkeimen muss.

Die radikale Ablösung vom Alten ist nur ein erster Schritt. Danach kommt für fast jeden Menschen eine Zeit des Wartens, in der er das Gefühl hat, eine Schwelle zu übertreten. Die Seele braucht diesen Schwebezustand, damit sie ihre Antennen neu ausrichten kann. In dieser Windstille des Lebens arbeitet es in uns. Erst wenn die Zeit reif ist, bricht sich das Neue Bahn.

Auch wenn die Abkehr von Gott und dem Glauben bewusst erfolgt, bleibt bei vielen Menschen eine unerklärliche Sehnsucht, die von ihrer Herkunftsreligion nicht erfüllt werden kann. Es ist eine Sehnsucht nach mehr, nach einer Spiritualität, die den schal gewordenen Glauben an fragwürdige Wahrheiten weit hinter sich lässt und zum Kern des Glaubens vorstößt – zum Göttlichen, was oder wer immer das sei. Trotz aller Befreiung, die ein Leben losgelöst von religiösen Konventionen mit sich bringt, bleibt bei vielen Menschen das Gefühl, »unganz« zu sein, irgendwie amputiert. Das ist auch dann der Fall, wenn die Betroffenen zuvor nicht regelmäßig in die Kirche gingen oder beteten. Allein die Tatsache, sich zumindest innerlich von tradierten religiösen Vorstellungen verabschiedet zu haben, hinterlässt mitunter eine Leere, die anderweitig gefüllt werden muss. Ersatz finden viele in Arbeit, Sport, sozialem Engagement, Reisen oder Kunst. Alkohol und Drogen sind als Lückenbüßer eher selten gefragt, da Religion an Werte gebunden ist, die inhaltlich nicht aufgegeben werden wollen. Dagegen surfen die Betroffenen häufig auf der Gesundheits-Wellness-Welle, und das mit einer Verbissenheit, die ironischerweise fast schon wieder religiöse Züge annimmt.

Sehnsucht kann schmerzhaft sein, aber sie ist auch ein starker Motivator. Sie drängt den sich Sehnenden in eine Richtung und verleiht ihm die Kraft, etwas verändern zu wollen. Menschen, die aufgrund ihres verlorengegangenen Glaubens etwas vermissen, ohne genau zu wissen, was dies sein könnte, werden allerdings leicht Opfer ominöser Überzeugungen und Gruppierungen. Mitunter erscheint es etwas paradox, dass solche, die von sich behaupten, an die Gottessohnschaft Jesu Christi und ähnliche christliche Standpunkte nicht mehr glauben zu können, mühelos Vorstellungen adaptieren, die bei Licht betrachtet deutlich unwahrscheinlicher klingen.

Frau Sch. wurde streng katholisch erzogen. Sie litt viele Jahre darunter, dass sie aus ihrem Glauben keine Kraft für die alltäglichen Belastungen ziehen konnte. Mit der tradierten Lehre wusste sie nichts mehr anzufangen. Ihre Familie lebte in einem Dorf. Ihr Mann und sie selbst waren stark in der Gemeinde engagiert. Als

Frau Sch. sich aus dem Gemeindeleben zurückziehen wollte, kam es zu Auseinandersetzungen mit ihrem Mann. Er fürchtete, dass die Familie »ins Gerede« kommen könnte. So stand Frau Sch. unter dem Druck, neben Familie und Beruf auch den religiösen Anforderungen gerecht werden zu müssen. Einige Zeit später zerbrach ihre Ehe. Frau Sch. zog in eine Stadt und ließ jede Beschäftigung mit religiösen Fragen erst einmal hinter sich. Ihre Arbeit als Physiotherapeutin füllte sie voll aus. Doch der Wunsch, im Beruf und als alleinerziehende Mutter immer perfekt sein zu wollen, führte zu einem körperlichen und nervlichen Zusammenbruch. Er brachte sie an die Grenzen ihrer Kraft. Langsam versuchte sie, wieder Anschluss an ihre Glaubenstradition zu finden, doch weder die religiösen Überzeugungen noch die einstudierten Rituale gaben ihr, wonach sie sich unbestimmt sehnte. Eine Zeitlang bemühte sie sich, Kontakt zu den Menschen in der für sie zuständigen Gemeinde aufzubauen. Doch sie fühlte sich fremd, zwischen allen Stühlen. »Dann bin ich in eine Gruppe gekommen, deren Leiter der Deutschen Geistheiler-Vereinigung angehörte, und er hat mich geheilt. Er hat mir gezeigt, wie man richtig beten soll. Ich stelle mir nun vor, dass Christus mit seinen Strahlen in jede Zelle meines Körpers geht; und wenn ich für andere bete, dann mache ich das genauso. Ich kann die Christusstrahlen sogar in ein Glas Leitungswasser hineinbeten. Auf diese Weise verwandelt es sich dann in ein energetisches Getränk, mit dem man Kranke heilen kann. Seit ich dieser Gruppe angehöre, gibt es für mich keine Grenze mehr zwischen Diesseits und Jenseits.«

Ein Gefühl der Verlorenheit beschleicht viele Menschen, die ihrem Glauben Lebewohl gesagt haben. Mitunter hegen sie den vagen Verdacht, dass sich manche Probleme leichter bewältigen ließen, wenn sie noch Halt und Orientierung in religiösen Überzeugungen fänden. Doch genau das ist das Problem. Sie möchten, können aber nicht glauben. Das betrifft erst recht die Menschen, die aus der Kirche ausgetreten sind. Allein das Gefühl, man könnte von »seiner« Kirche zumindest seelisch aufgefangen werden, wenn es denn nötig wäre, bietet einen nicht zu unterschätzenden Rückhalt. Hat man sich aber entschieden, auf dieses System zu verzichten, fällt der Weg zurück schwer. Für viele kommt es einem Versagen gleich, wenn sie sich eingestehen, dass sie die Strukturen vermissen, die kirchliche Institutionen beispielsweise in Form von sozialen Netzen bieten. Das gilt selbst dann, wenn diese von den Betroffenen zuvor nie genutzt wurden. Oft verbirgt sich hinter der artikulierten »Sehnsucht nach Glauben« nichts anderes als der Wunsch nach Unterstützung in schwierigen Lebenslagen. Das ist nicht falsch, sondern nur allzu verständlich. Wird dieser Zusammenhang erkannt und gelingt es den Betroffenen, selbst die Verantwortung für ihr Leben zu übernehmen, finden sie leichter wieder Zugang zu ihren spirituellen Ressourcen.

Die Kirchen tun gut daran, die Zeichen der Zeit zu erkennen. Bundesweit laufen ihnen seit Jahren die Mitglieder in Scharen davon. 2017 sind in Deutschland 200.000 Protestanten und 168.000 Katholiken ausgetreten. Im Bistum Essen ist es besonders schlimm. Hier hat man inzwischen ein sozialpastorales Zentrum eingerichtet, das Seelsorge und konkrete Unterstützung in schwierigen Lebenssituationen bietet. Ein niedrigschwelliges Angebot, mit dem auch Kirchenferne erreicht werden sollen – in der Hoffnung, dass die einen oder anderen wieder in den

Schoß der Kirche zurückfinden. Das ist nicht ganz ausgeschlossen. Im Jahr 2017 fanden beispielsweise 6.685 Gläubige in die katholische Kirche zurück – immerhin 3,5 Prozent mehr als im Jahr zuvor. Außerdem gab es 2.647 Menschen, die neu in die katholische Kirche eintraten. Es mag überraschen, aber in den meisten Fällen handelte es sich dabei um konvertierte Protestanten. Gewechselt wird natürlich auch in die Gegenrichtung – Katholische werden evangelisch. Ob so oder so, Konvertiten ringen meist lange mit ihrer Entscheidung. Und viele vollziehen diesen Schritt in der Mitte ihres Lebens.

Ein Beispiel: Frau H. zog nach dem Verlust ihres Arbeitsplatzes mit 51 Jahren aus der lutherischen Hochburg einer norddeutschen Stadt ins katholische Bayern. In unmittelbarer Nachbarschaft befand sich eine katholische Kirche, deren Gottesdienste sie so oft wie möglich besuchte. »Die feierliche Atmosphäre hat mich berührt. Das war jedes Mal ein spirituelles Erlebnis für mich. Schon früher waren mir die katholischen Gottesdienste lieber als die protestantischen. Deshalb habe ich mich entschieden, außer der Ortsveränderung und dem Wechsel des Arbeitsplatzes auch noch eine konfessionelle Wende zu vollziehen.« Auch der Kontakt zu den Menschen aus der Gemeinde trug dazu bei, dass Frau H. sich »angenommen und wohl« fühlte. Die Zeit zwischen Austritt und Konversion empfand sie als »bedrückend«. Sie fühlte sich »vogelfrei« – eine schwierige Situation für jemanden, der sich sein ganzes Leben lang mit der Kirche verbunden fühlte. Schwierig auch deshalb, weil in dieser Zwischenzeit Zweifel auftauchten, ob dieser Schritt notwendig und richtig gewesen sei. Mit dem Eintritt in die neue Glaubensgemeinschaft waren diese Bedenken bei Frau H. aber wie weggeblasen. »Ich war richtig euphorisch«, erinnert sie sich. »Ich hatte mich lange und ausgiebig mit dem Katholizismus beschäftigt und wollte es mit allem ganz genau nehmen. Ich glaube, ich war in der Anfangszeit katholischer als der Papst.«

Lange Zeit hielt Frau H. diesen Schritt geheim. Bei einem Besuch in der Heimatstadt ergab sich bei einer Familienfeier dann doch ein Gespräch über die Kirche, in dem Frau H. Farbe bekannte. »Meiner Mutter fiel vor Schreck wirklich die Kuchengabel aus der Hand. Sie war entsetzt, genauso wie mein Vater. Meine Mutter traf es besonders hart, weil ihre Familie zu den Salzburger Exulanten gehörte, die im 18. Jahrhundert von den Katholiken vertrieben wurden. Obwohl diese Zeit schon so lange vorbei ist, wollte man in unserer Familie nie mehr etwas mit Katholiken zu tun haben. Wenn ich als junge Frau eine katholische Kirche besuchen wollte, dann musste ich das heimlich tun. Meine Konversion liegt jetzt schon fast zehn Jahre zurück, aber meine Eltern haben mir das immer noch nicht verziehen. Es ist und bleibt ein neuralgischer Punkt.« Auch ihre Freundinnen hielten Frau H. »für übergeschnappt«, erzählt sie. »Sie konnten nicht verstehen, dass man als emanzipierte lutherische Frau in die katholische Kirche eintritt.«

Manche Menschen verbringen viel Zeit im spirituellen Niemandsland. Wartend. Suchend. Hoffend. Sie probieren vieles aus. Manche kaufen sich Räucherwerk und ein Meditationskissen oder beginnen mit Yoga, Zen oder Tai-Chi. Frau S. beispielsweise lebt nun schon achtzehn Jahre im spirituellen Niemandsland. Immer auf der Suche nach etwas Besserem, nach Erleuchtung, nach dem mystischen Kick. »Ich bin noch nicht angekommen«, sagt sie. Aber sie hat einen ungeheuren Schatz an Weisheit erworben, der in den verschiedenen Religionen verborgen ist.

Die gründliche Auseinandersetzung mit der spirituellen Vielfalt braucht Zeit. Nur so kann man erkennen, welche Praxis einen persönlich weiterbringt. Bedenken sollte man allerdings auch, dass Menschen, die in ihrer spirituellen Entwicklung lange auf der Stelle treten, häufig sich selbst im Weg stehen. Johannes Tauler kannte das Problem: »Es gibt überall Menschen, die, regt sich in ihnen das Streben nach einem neuen Sein und guten Dingen, sogleich zu kühn sind und in der Neuheit dieser Geburt mit Ungestüm ihrem Streben folgen und weder wissen noch bedenken, ob ihre Natur ihrem Streben gewachsen und Gottes Gnade in ihnen so groß sei, dass sie bis ans Ende ausreicht. Der Mensch sollte das Ende bedenken, ehe er sich irgendeiner neuen Frömmigkeitsübung zuwendet (…) und die Neuheit seines (geistigen) Aufbruchs sogleich in Gott und auf Gott legen« (Predigten I, 21f).

Glaube und Spiritualität sind keineswegs selbstverständliches Eigentum derer, die beides irgendwann einmal erworben haben und nun dauerhaft darüber verfügen könnten. Natürlich gibt es Zeitgenossen, die meinen, der Glaube liefere auf alles eine Antwort und dass sie es nicht nötig hätten, sich näher mit ihm zu beschäftigen. Glaube kommt an seine Grenzen. Es gibt Zeiten, in denen er uns sprachlos macht und wir lernen müssen, ihn immer neu zu buchstabieren. Der Aufenthalt im spirituellen Niemandsland macht den Weg frei zu einer neuen Beziehung mit dem Göttlichen.

Gott ist ganz anders – Porträt I

Wir sind am Ende des ersten Teils angekommen, der sich vorwiegend mit dem Abbruch alter Glaubensvorstellungen beschäftigt hat. An dieser Stelle wie auch am Schluss der übrigen Hauptteile des Buches möchte ich hier das Portrait eines Menschen zeigen, der eine spirituelle Entwicklung durchgemacht hat. Die nachfolgende Geschichte erzählt, wie Elmar Gruber den Bruch mit überkommenen religiösen Vorstellungen erlebt hat. Ich habe ihn einige Monate vor seinem Tod besucht, um ihn für eine Hörfunksendung zu interviewen.

»Ich fühle mich eins mit allen, die den Glauben an die absolute Liebe haben. Ein Glaube, der Angst macht, kann nie der wahre sein«, sagte Elmar Gruber oft. Wer ihm begegnete, konnte sich seiner Ausstrahlung kaum entziehen. Wer sein Haus betrat, fühlte sich gleich zu Hause. Denn vieles kam einem auf Anhieb vertraut vor, wenn man seine Bücher kannte: Da war das Schaf vor dem Wohnzimmerschrank, lebensecht nachgebildet und eines der Lieblingssymbole Grubers. In seinen Bildmeditationen tauchte es immer wieder auf als Sinnbild für Geduld und Toleranz, für Wehrlosigkeit und Friedlichkeit. Durch das Fenster fiel der Blick auf die selbstgebastelten Windräder im Garten. Auch sie hatten Symbolkraft: »Beweglich bleiben, festen Stand haben, sich dem Leben, dem Wind aussetzen, der kommt und geht, wann er will. Wenn ich eine halbe Stunde im Garten die Windräder anschaue, da hat sich etwas bewegt. Und wenn ich meinen Besuchern von Windrädern erzähle, dann bewegt sich auch in ihnen etwas«, erklärte Gruber.

Der 2011 verstorbene Elmar Gruber war ein gefragter spiritueller Begleiter. Lange Zeit arbeitete er in München als Religionslehrer, Jugendseelsorger und katholischer Pfarrer. Viele schätzten ihn als Autor zahlreicher Veröffentlichungen. Manche bezeichneten ihn sogar als Mystiker. Dagegen hatte er nichts einzuwenden. »Als Mystiker verstehe ich mich schon deswegen, weil ich vom Schauen herkomme. Und die Wahrheit muss man zuerst einmal erschaut, erlebt und erfahren haben.«

Aber was ist Wahrheit?, so könnte man mit Pilatus fragen. Unzählige religiöse Gemeinschaften treten mit dem Anspruch auf, den alleinseligmachenden und »wahren« Glauben zu verkünden. Für Elmar Gruber lag genau darin die Herausforderung: Menschen zu ihrem ganz persönlichen Glauben zu verhelfen. Zu einem Glauben, der nicht nur trägt, sondern auch heilt.

1931 wurde Elmar Gruber in Prien am Chiemsee geboren. Ein Jahr später zog die Lehrerfamilie nach München. Er legte das Abitur ab und entschloss sich, in die Fußstapfen seines Bruders zu treten und Priester zu werden. Er studierte Theologie und Philosophie und war nach seiner Weihe zunächst als Kaplan, später dann als Religionslehrer tätig. Zu den schlimmsten Eindrücken in dieser Zeit gehörte es, mit ansehen zu müssen, wie sich ein Mann in seiner Gegenwart erschoss. Dass er dies nicht verhindern konnte, bestärkte ihn in dem Wunsch, sich intensiver als je zuvor der praktischen Seelsorge zu widmen. Nicht selten kamen zu ihm Leute, die mit Gott geängstigt wurden, obwohl er sie doch eigentlich retten sollte. Die Antwort Grubers war fast immer die gleiche: »Irgendwann müssen Sie das Risiko, Gott zu trauen, auf sich nehmen. Erst dann kann der Glaube heilen.« Manche Ratsuchenden fragten Gruber daraufhin skeptisch, ob er denn nicht an den Papst glaube. Und Gruber konterte: »Ich glaube an Gott. Der Papst ist eine Institution. Die mag notwendig sein, aber man hat oft den Eindruck, die Pralinen werden immer kleiner und die Verpackung immer größer. So kommen wir nicht weiter.«

Natürlich gab es Christen, die der Ansicht waren, Grubers Einstellung vertrage sich nicht mit der offiziellen Lehre der katholischen Kirche. Dreimal wurde er deswegen in Rom angezeigt. Dieselben Leute gestanden ihm später unter Tränen, sie hätten ihn nur nicht verstanden. Für Gruber ein Beweis dafür, dass es sich bei Glaubensfragen schlicht um Reifungsprozesse handelt.

Von klein auf war Elmar Gruber misstrauisch gegenüber den vorformulierten Glaubenssätzen, die er auswendig lernen musste. Woher sollte er wissen, ob es wirklich einen Gott gibt? Wenn es ihn gibt, dann müsste er doch zu erspüren sein. Die Sehnsucht nach einem gnädigen Gott und nach absoluter Geborgenheit brachte ihn in ernste Konflikte mit der kirchlichen Lehre. Denn der Gott, den man ihm predigte, drohte ständig mit der ewigen Verdammnis. Dieser Gott machte ihm Angst. Elmar Gruber litt so sehr unter diesem Gottesbild, dass er an Magersucht und Depressionen erkrankte. Angstneurosen quälten ihn. Als elfjähriger Gymnasiast war er schließlich so verzweifelt, dass er versuchte, sich das Leben zu nehmen. »Ich erinnere mich noch an das Gebet, das täglich nach der Schulmesse gesprochen wurde: ›Ich muss sterben, ich weiß nicht, wann, ich weiß nicht, wo, ich weiß nicht, wie, aber das weiß ich: Wenn ich in einer Todsünde sterbe, bin ich verloren auf ewig.‹ – Das ist das teuflischste Gebet, das man sich vorstellen kann.«

Viel später ging Elmar Gruber auf, dass er sich lange für einen Gott abgemüht hatte, der nur in den Köpfen der Menschen existierte, die ihren angeborenen Drang nach Vergeltung auf Gott übertrugen. Wenn es einen Gott gibt, so sagte sich Elmar Gruber, dann kann es nur einen barmherzigen Gott geben. Einen Gott, der nicht auf Rache sinnt, sondern der alle Menschen »bedingungslos, unverlierbar und grenzenlos liebt.« Elmar Gruber formulierte das für ihn so prägende Gebet um und erlebte dadurch die Befreiung. »Ich muss sterben«, sagte er sich, »ich weiß nicht, wann, ich weiß nicht, wo, ich weiß nicht, wie, nur das weiß ich: Wo immer, wie immer ich sterbe – auch durch Selbstmord –, ich falle immer in die offenen Arme eines barmherzigen Gottes, der mich ganz versteht, auch wenn ich mich selbst nicht mehr verstehe.«

Aus dieser Erfahrung heraus konnte er später immer wieder betonen: »Gott ist ganz anders. Er ist die absolute Liebe.« Wer diesem Gott begegnen will, der muss sich frei machen von Begriffen wie Lohn und Strafe, Vergeltung und Sühne. Ein Denken in diesen Kategorien ist notwendig, um unser irdisches Leben zu regeln; auf Gott bezogen greift es jedoch zu kurz, weil es hier um andere Dimensionen geht.

Wenn Elmar Gruber von Gott redete, dann sollten die Menschen erleben, was er ihnen sagen wollte. Nie wollte er anderen seinen Glauben aufzwingen, sondern nur Wegweiser sein, damit sie nicht nur Gott, sondern auch ihr eigenes Ich finden konnten. Viele empfanden die eigene Vernunft dabei als hinderlich. Doch der »wahre« Glaube schaltet die Vernunft nicht aus; er überschreitet sie. Immer wieder wies Gruber darauf hin, dass die Vernunft nur einen kleinen Teil der Wirklichkeit erfassen kann.

Wenn wir unsere Sinne und unsere Fantasie einsetzen, sprengen wir die Grenzen unserer Vernunft. Kinder haben da weniger Schwierigkeiten. Doch nicht nur deswegen zählte die Arbeit mit ihnen zu Grubers schönsten Aufgaben. Sein wichtigstes Anliegen war es, die Botschaft vom bedingungslos liebenden Gott zu vermitteln. Dieses Gottesbild sollte die Menschen in seinem Umfeld durch ihr ganzes Leben tragen. Als Symbol benutzte er dazu gern einen besonderen Luftballon. Eigentlich waren es zwei Ballons in einem. Der große farbige Außenballon enthielt noch einen kleinen dunklen Innenballon. Der kleine Ballon sei das Kind, erklärte Gruber. Und der große allumfassende Außenballon, das sei Gott. »Alle, ob gut oder böse, alle sind von Gott geliebt«, fügte er hinzu.

Den Glauben mit allen Sinnen begreiflich machen – das verstand Elmar Gruber wie kaum ein anderer. Dazu bedient er sich zahlreicher Bilder, Legenden und Symbole. Manchmal zerbrach er langsam vor den Augen der Zuhörer zwei Äste und fügte sie an den Bruchstellen neu zusammen zu einem Kreuz – als Symbol für die Zusammenbrüche im menschlichen Leben. Die Bruchstellen bleiben, aber an ihnen entsteht etwas völlig Neues. Doch Zusammenbrüche können auch zu »Aufbrüchen« werden für das Unbekannte. Und sie können zu einer ungeahnten Lebensfülle und Lebenstiefe führen.

Im Keller seines Hauses hatte sich Elmar Gruber eine Werkstatt eingerichtet. Hier konnte er seiner künstlerischen Kreativität freien Lauf lassen; hier entwarf und fertigte er viele seiner Symbole in mühevoller Handarbeit. Eine beinahe andächtige Stille breitete sich in der Werkstatt gegen Ende seines Lebens aus. Aufgeräumt wirkte sie. Aber es war nicht die wiederhergestellte Ordnung nach einem arbeitsreichen Tag. Ein Hauch von Endgültigkeit lag in der Luft. Nur ein paar große Eisennägel lagen noch auf der Werkbank. Sie waren für Grubers Arbeiten so typisch geworden, dass sie in dem Geschäft, in dem er sie kaufte, als »Grubernägel« bezeichnet wurden. Noch einmal demonstrierte Elmar Gruber, wie er sie mithilfe eines Schraubstocks in Form brachte. Kaum zu glauben, wie schnell aus einem handelsüblichen Nagel ein formvollendetes Kunstwerk werden kann!

Es überrascht nicht, dass Elmar Gruber die Arbeit mit Nägeln so liebte. Sie waren für ihn das perfekte Symbol für das menschliche Leid: hart, scharf und vernichtend – wie die Spitzen der »unbehandelten« geraden Nägel. Aber auch harte Nägel sind formbar. Unter Druck verwandeln sich die Spitzen zum Ornament – und zu einem Symbol: »Wenn ich dem Leidensdruck nachgebe und mein Leid annehme, wird ihm die Spitze genommen«, erklärte Gruber. »Es wird weniger bedrohlich und kann mich nicht mehr verletzen. Die Verwandlung der Nägel ist eigentlich meine Verwandlung: Nicht das Leid verwandelt sich, sondern ich verwandle mich im Leid zur Freude, zum Leben.«

Gruber war überzeugt, dass man selbst in den Abgrund geschaut haben müsse, um anderen helfen zu können. Und doch fiel es auch ihm nicht leicht, sich zu trennen von lieb gewordenen Gewohnheiten, von dem, was auch Erfüllung bedeutete. Resignieren? Sich gehen lassen? Die Hände in den Schoß legen? Nein – all das kam für ihn nicht in Frage. Gruber hatte gelernt, das Leid immer im Zusammenspiel mit der Freude zu sehen. Erst der Kontrast lässt jene Augenblicke entstehen, in denen Zeit und Ewigkeit verschmelzen. Immer plädierte er dafür, im Leid selbst aktiv zu werden. »Entweder ich muss meine Situation verändern oder mich selbst verändern. Man könnte sagen: Die Freude ist die Zugkraft und das Leid ist die Schubkraft.«

Loslassen können – immer wieder hat Elmar Gruber darüber gesprochen, über die kleinen und großen Abschiede im Leben des Menschen bis hin zu jenem unwiderruflichen Abschied, der Tod heißt. Der Tod hatte für ihn zum Zeitpunkt des Interviews schon eine andere Gestalt angenommen: »Er wird Freund. Er wird der Fährmann, der hinüberbringt. Er wird der heilige Engel. Und das sind alles Momente, die eben dann dieses Wort im Johannesevangelium konkretisieren: ›Wer lebt und an mich glaubt, wird in Ewigkeit nicht sterben, der wird leben, wenn er stirbt, der wird im Sterben leben.‹«

»Mit ewiger Liebe geliebt«, schrieb Elmar Gruber gerne als Widmung in seine Bücher. Nichts konnte seine Glaubensüberzeugung besser widerspiegeln als dieses Wort aus dem Propheten Jeremia. Inspiriert vom franziskanischen Denken, war Gruber davon überzeugt, dass wir der Liebe Gottes in der Natur und in jedem Geschöpf begegnen. Diese Erfahrung der Geschwisterlichkeit war für ihn ein Glücksmoment, das zum Auferstehungserlebnis werden konnte. Denn Auferstehung bedeute ja nicht, »dass irgendwann eine Leiche lebendig geworden« sei. Vielmehr sei dies ein Symbol dafür, dass wir Gott heute und in vielerlei Gestalt begegnen können. Und dann erzählte Elmar Gruber die Geschichte seiner großen Niedergeschlagenheit, ausgelöst durch Alter und Krankheit. Gleichgewichtsstörungen, Unsicherheiten beim Gehen, das zunehmende Zittern – es war ein Schock für ihn, als ihm die Ärzte klarmachten, dass es sich dabei um Parkinson handelte und dass diese Krankheit unheilbar und auch nicht aufzuhalten sei. Deswegen musste er seine Werkstatt auflösen.

Sich einzugestehen, dass er das, was einen wichtigen Teil seines Lebens ausgemacht hatte, nicht mehr ausüben konnte, versetzte ihn in eine tiefe Depression. »Aber als ich ganz tief unten war, hat der liebe Gott persönlich nach mir geschaut«, erzählte Gruber »Er kam an mein Werkstattfenster und schaute herein. Er fasste mich ins Auge. Er warf sein Auge auf mich und wandte seinen Blick nicht von mir ab. Ich sah weg, dann wieder zu ihm hin und bemerkte, dass er mich immer noch unverwandt anstarrte. Dann schüttelte er leicht den Kopf und ging. Am nächsten Tag um dieselbe Zeit kam er wieder. Ich räumte gerade die Werkstatt auf. Diesmal sah er mich nicht nur an, sondern er begann auch zu sprechen. ›Was machst du dir da für Sorgen?‹, fragte er mich. ›Du redest doch immer von der Ewigkeit, vom ewigen Leben. Abschied ist notwendig für jeden Fortschritt, und jetzt bist du selbst dran. Freu dich doch, es geht vorwärts. Es geht aufwärts.‹ Dann ging er wieder. Am dritten Tag kam er wieder und schaute mich nur an. Und wissen Sie, wer das war?«, fragte Gruber. »Die Katze des Nachbarn.« Elmar Gruber genoss die Verwunderung, die seine Pointe auslöste. »Die Katze war hier ein Symbol. Und sie hat mich getröstet! Diese Angstlosigkeit – sie ging nicht weg von mir, sie schaute mich nur an. Und indem sie sich berühren ließ und dann auch um meine Füße strich, verbreitete sie Nähe. Das ist diese Kraft der Liebe in den Geschöpfen. Es ist die Kraft des Schöpfers – ob es jetzt ein Tier, eine Blume oder gar ein Mensch ist.«

Teil II:

Durchbrüche

Spirituelle Durchbrüche, bei denen der Mensch eine andere Bewusstseinsebene betritt, stehen seit Ende der 1960er-Jahre im Mittelpunkt des Interesses der Transpersonalen Psychologie. Herausragende Namen sind Abraham Maslow, Francis Vaughan oder Stansilav Grof. Grof experimentierte sogar mit LSD, später mit holotropen Atemübungen, um transpersonale Erfahrungen zu evozieren. Spirituelle Durchbrüche sind häufig mit Lichterfahrungen verknüpft. Im Zen-Buddhismus wird dieser Zustand als *satori* bezeichnet und soll in jedem Menschen bereits latent vorhanden sein, wird aber aufgrund der eigenen Verblendung nicht wahrgenommen. Durch meditative Versenkung erreicht der geduldig Übende eine höhere Bewusstseinsebene, auf der ähnlich wie in der Mystik ein plötzlicher Durchbruch möglich ist. Im Hesychasmus, der in der byzantinischen Spiritualität entstand und sich später in der gesamten orthodoxen Welt verbreitete, ist die Schau des Taborlichts das höchste Ziel der kontemplativen Gebetspraxis. Mit dem altgriechischen Wort *hesychia* ist so viel wie Ruhe, Stille, Schweigen, Friede, Einsamkeit oder Untätigkeit gemeint. Erreicht wird sie durch das ständige Wiederholen des sogenannten Jesus- oder Herzensgebetes. Im Lauf der Zeit haben sich verschiedene Textvarianten dazu entwickelt. Die Bekannteste lautet: »Herr Jesus Christus, Sohn Gottes, erbarme dich meiner.« Die Worte werden auf den Rhythmus des Ein- und Ausatmens, dann aber auch auf den Herzschlag abgestimmt. Durch andauernde Wiederholung soll das Gebet mit der Zeit in Fleisch und Blut übergehen, sodass der Betende den Eindruck hat, dass nicht er, sondern »es« betet. Allmählich kommt es so zur Ablösung von allem, was den Geist gefangen nimmt, und schließlich zur absoluten Ruhe. Das Gebet mündet in wortloses Schweigen, in dem die

Gegenwart Gottes erfahren werden soll. Jetzt kommt es nach Auffassung der Hesychasten nur noch auf Gottes Gnade an. Denn das höchste Ziel des immerwährenden Jesusgebetes ist es, das Taborlicht zu erleben, jenes Licht, das der biblischen Überlieferung nach Petrus, Jakobus und Johannes bei der Verklärung Christi auf dem Berg Tabor sahen (Mt 17,1–8; Mk 9,2–8; Lk 9,28–36). Nach Auffassung der Hesychasten ist es das Licht, in dem sich Gott selbst zu erkennen gibt. Das Streben nach dieser Lichterfahrung ist Dreh- und Angelpunkt der ostkirchlichen Spiritualität.

Die spirituellen Wurzeln des Hesychasmus reichen bis ins 3. Jahrhundert zurück, in die Zeit der Wüstenväter und Wüstenmütter. Schon damals wurden rhythmische Wiederholungsgebete praktiziert. Mit der Gründung des Katharinenklosters im 5. Jahrhundert entwickelte sich der sinaitische Hesychasmus, der als Ursprung des Jesusgebetes gilt. Seine Blütezeit erlebte er im 14. Jahrhundert. Das Zentrum dieser Bewegung verlagerte sich in die Mönchsklöster des Berges Athos in Griechenland. Durch das Bekanntwerden des Buches »Aufrichtige Erzählungen eines russischen Pilgers« fand das Herzensgebet auch im Westen Verbreitung. Der Verfasser des Büchleins ist unbekannt. Es erzählt, wie ein russischer Pilger in einem Gottesdienst mit der Ermahnung des Apostels Paulus konfrontiert wird: »Betet ohne Unterlass!« (1. Thes 5,17). Das Wort lässt ihm keine Ruhe und er macht sich auf die Suche, wie er diese Aufforderung erfüllen könne. Schließlich findet er einen Mönch, der ihn mit dem Jesusgebet vertraut macht. Der Reiz dieses meditativen Gebetes liegt für viele Praktizierende darin, die Wirkungsweise eines Mantras mit christlichem Inhalt zu verknüpfen und sich dabei einer Tradition bewusst zu sein, die sich bis ins frühe

Christentum zurückverfolgen lässt. Gerade Menschen, die sich vom christlichen Glauben distanziert und mit fernöstlicher Spiritualität beschäftigt haben, finden über das Herzensgebet oft wieder zu ihren christlichen Wurzeln zurück.

Durchbruchserfahrungen können auch mit intensiven Emotionen und dem Gefühl der Entgrenzung verbunden sein. Nicht immer sind Meditierende darauf vorbereitet, und nicht jeder kann spirituelle Gipfelerlebnisse richtig einordnen und verarbeiten. Ken Wilber, der neben Stanislav Grof zu den bedeutendsten Vertretern der transpersonalen Psychologie gehört, fragt denn auch folgerichtig: »[…] wohin gehen die Menschen dann mit ihrer Erfahrung? Was machen sie daraus? Wie können sie die Erfahrung manifest werden lassen? Sind sie bereit für eine stabile Anpassung an die Erfahrung?« (Wilber, Eros, 812).

Tatsächlich können Durchbruchserfahrungen süchtig machen und auch zu gravierenden Konflikten führen, wenn labile Persönlichkeiten den spirituellen Weg nutzen, um den weltlichen Herausforderungen zu entfliehen. Findet ein Mensch mit einer Durchbruchserfahrung nicht schnell wieder in den Alltag zurück und lernt, diese zu integrieren, kann aus dem Durchbruch ein Zusammenbruch werden. Mystische und psychotische Erfahrungen liegen mitunter dicht beieinander. Zen-Meister erteilen ihren Schülern deswegen gern den Ratschlag: Vor der Erleuchtung Holz hacken, nach der Erleuchtung Holz hacken. Tatsächlich kommt im Zen-Buddhismus der körperlichen Arbeit (*samu*) eine wichtige Bedeutung zu. Auch in den banalsten alltäglichen Verrichtungen soll das »Gegenwärtig sein im Augenblick« eingeübt werden.

Viele Menschen, die sich um spirituelle Weiterentwicklung bemühen, sehen die Erleuchtung als höchstes Ziel an. Dabei wäre weniger oft mehr. Es kann auch schon ein Durchbruch sein, wenn man während einer Meditation oder Kontemplation plötzlich eine absolute Gewissheit in sich spürt, dass Gott *ist*. Und dass alle Fragen und berechtigten Zweifel, die man zuvor gehegt und gepflegt hat, verrauchen und nebensächlich werden.

Mehr Nutzen ließe sich aus einer spirituellen Lebensweise ziehen, wenn diese nicht auf spektakuläre Durchbrüche in höheren Regionen »reduziert« würde. Frances Vaughan mahnte eindringlich, trotz umwälzender spiritueller Erfahrungen stets handlungsfähig zu bleiben und die Kontrolle über sich zu behalten. »Wahre Spiritualität zeigt sich in der Art und Weise, in der man sein Leben lebt, und nicht darin, wie viele besondere Erfahrungen übersinnlicher oder anderer Art man nachweisen kann«, meint die Psychologin (Vaughan, 152).

Echte Spiritualität zielt auf eine Veränderung des ganzen Menschen. Ein spiritueller Mensch ist bereit, sein Verhalten und seine Überzeugungen gründlich zu hinterfragen und gegebenenfalls zu ändern. Deswegen sieht Johannes Tauler den Durchbruch vom Ich zum Du Gottes im Zusammenhang mit dem »ker«, der Umkehr, ohne die eine Transformation – Tauler spricht von »Überformung« – nicht möglich wäre. Alles, worauf sich der Mensch etwas einbildet, muss von »dem jenseits allen Seins liegenden Sein« verwandelt werden: »Können, Wissen, Wollen, Wirksamkeit, Gegenstandsempfinden, Empfindlichkeit, Eigentümlichkeit. (…) Hier werden alle starken Felsen (der Eigenliebe) zerbrochen; alles, worauf der Geist ausruhen könnte, muss entfernt werden« (Predigten II, 500).

Jede Bewusstseinserweiterung ist ein langer und vor allem schmerzhafter Prozess, denn er macht nicht nur grundlegende Veränderungen erforderlich. Manchmal hat er auch Verhaltensweisen zur Folge, die im bisherigen Umfeld des Betroffenen auf Unverständnis, mitunter aber auch auf Bewunderung stoßen können: »Ich habe einen guten Freund, der Maler in Spanien ist. Der ist regelmäßig für ein halbes Jahr in ein buddhistisches Kloster gefahren und hat meditiert. Und wenn er zurückkam, hatte er ein ganz anderes Karma und konnte wieder neue Bilder malen. Da habe ich gesagt: Das finde ich toll, das möchte ich auch mal machen«, erzählt der 54-jährige Herr K. Er beantragte in seiner Firma ein Sabbatical und verbrachte ebenfalls ein halbes Jahr im buddhistischen Kloster. Tiefenentspannt und begeistert kehrte er zurück. Seine Frau hatte für seine Neuorientierung allerdings wenig Verständnis und ließ sich scheiden. »Leicht war das nicht«, gibt Herr K. zu, aber dank buddhistischer Einsichten habe er gelernt, »das Unvermeidliche zu akzeptieren«. Die Trennung von seiner Frau liegt inzwischen vier Jahre zurück. Zu seinen beiden Töchtern hat er weiterhin ein gutes Verhältnis. Sie verfolgen seine spirituelle Wandlung »mit echtem Interesse«, sagt Herr K.

Kein Durchbruch ohne Abbruch. Nur wer sich von alten Glaubensmustern, Ängsten, Banalitäten und fremder Beeinflussung befreit hat, kann auf den Durchbruch hoffen. Der Durchbruch ist eine Entscheidung gegen das Alte und für das Neue. Er ist der Tagesanbruch nach der dunklen Nacht. Das muss wie gesagt nicht unbedingt eine Erleuchtung im klassischen Sinn sein. Es kann auch »nur« der Durchbruch zu spiritueller Reife sein, die mit dem Gefühl verbunden ist, geistlich endlich erwachsen und unabhängig geworden zu sein. Auch ohne Erleuchtung ist die Durchbruchserfahrung ein Grund zur Freude.

Es ist die Sehnsucht, die zum Durchbruch führt, ihn überhaupt erst ermöglicht. Der Durchbruch lässt die engen Grenzen der Religionen hinter sich und weitet sich zur Spiritualität.

Den Kompass norden – Spiritualität als Orientierungswerkzeug

Wo hört Religion auf und wo fängt Spiritualität an? Das ist, um es vorwegzunehmen, ein weites Feld. Genau genommen war Spiritualität immer ein Teil der jeweiligen Religion. Allerdings hinterfragte sie stets die gängigen Lehrmeinungen. Tauler war ein spiritueller Mensch, aber er war ein kritischer Christ. Ob er Kenntnis hatte vom Zen-Buddhismus, mit dem seine wie auch die Lehre Meister Eckharts Gemeinsamkeiten aufweist, darf bezweifelt werden. Normalerweise war in früheren Zeiten die eigene Herkunftsreligion der Nabel der geistlichen Welt. Das ist heute anders. Die Möglichkeit, beinahe mühelos in fremde Kulturen und religiöse Welten einzutauchen, hat dazu geführt, dass sich immer mehr Menschen mit anderen Religionen auseinandersetzen.

Mit »Spiritualität« verbindet jeder etwas anderes. Für die einen bedeutet es, an Gott zu glauben, aber nicht Mitglied einer Kirche zu sein. Manche halten sich auch schon für spirituell, wenn sie im fortgeschrittenen Alter den Schatz der jeweils anderen christlichen Konfession für sich entdecken. Andere interessieren sich für den orthodoxen Glauben, den Sufismus oder die jüdische Kabbala. Wieder andere spüren eine Art kosmischer Verbundenheit, ohne sich auf eine bestimmte religiöse Ausformung festlegen zu wollen. »Ich bin so eine Art Buddhist«, sagt Herr F. Bei genauerem Nachfragen stellt sich heraus, dass er sich mit der buddhistischen Lehre nicht einmal ansatzweise auskennt. Er hat sich eine Klangschale gekauft, die er dreimal betätigt, bevor er allabendlich ein Räucherstäbchen anzündet und den Fernseher einschaltet. Anfangs hatte er versucht, den Lotussitz einzunehmen, doch nach fünf Minuten schmerzten seine Knie. Nun setzt er sich doch lieber wieder auf die bequeme Couch.

Spiritualität – das kann aber auch heißen, den traditionellen christlichen Glauben mit östlichen oder mystischen Meditationspraktiken zu kombinieren. Ganz im Sinne Karl Rahners, der 1966 den seither viel zitierten Satz formulierte: »Der Fromme von morgen wird ein ›Mystiker‹ sein, einer, der etwas ›erfahren‹ hat, oder er wird nicht mehr sein, … weil die Frömmigkeit von morgen nicht mehr durch die im voraus zu einer personalen Erfahrung und Entscheidung einstimmige, selbstverständliche öffentliche Überzeugung und religiöse Sitte aller mitgetragen wird, die bisher übliche religiöse Erziehung also nur noch eine sehr sekundäre Dressur für das religiöse Institutionelle sein kann. Die Mystagogie muß von der angenommenen Erfahrung der Verwiesenheit des Menschen auf Gott hin das richtige Gottesbild vermitteln, die Erfahrung, daß des Menschen Grund der Abgrund ist: daß Gott wesentlich der Unbegreifliche ist; daß seine Unbegreiflichkeit wächst und nicht abnimmt, je richtiger Gott verstanden wird, je näher uns seine ihn selbst mitteilende Liebe kommt« (Rahner, Schriften, 22f).

Was wiederum die Frage aufwirft, ob Mystik schon Spiritualität ist oder noch Religion oder ob ihr ein eigenes Regal im »religiösen Supermarkt« zusteht. So mancher gibt auch unumwunden zu, dass er schlicht und einfach nicht wisse, was er sich unter dem abgegriffenen Wort »Spiritualität« vorzustellen habe. Manchen ratlosen Zeitgenossen fällt dann als erstes die Esoterikszene ein, die mit einer Unzahl an vermeintlich Wunder wirkenden Hilfsmitteln und Praktiken beeindruckt, von denen einige bereits eingangs erwähnt wurden. So manches davon erinnert an die magischen Methoden des düsteren Mittelalters. Wer sich einmal auf einer Esoterikmesse umsieht, entdeckt dort die seltsamsten Dinge. Ein Holzbrett, wie es in jeder ordentlichen Küche zu finden ist, wird dort für schlappe 300 Euro als »Energie-Harmonie-Transformator« verkauft. Es soll die negativen Energien, mit denen uns unsere Mitmenschen tagtäglich bombardieren, unschädlich machen. Aber auch Trinkwasser lässt sich damit nach Auskunft der Hersteller energetisch aufbereiten. Der Transformator befreit zudem Wohnung und Kleidung von schädlichen Strahlen. Ein wenig fühlt man sich dabei an das Amulett gegen den bösen Blick erinnert, das im Orient überall anzutreffen ist. Nur dass dieses weitaus attraktiver gestaltet ist. Billiger ist die Strahlenschutz-Kopfbedeckung. Rund fünfzig Euro kostet das Kleidungsstück, das gegen Elektrosmog helfen soll. Man mag darüber den Kopf schütteln oder sich amüsieren. Vielleicht bleibt so manchem das Lachen aber auch im Hals stecken, wenn ihm bewusst wird, dass solche Produkte nur deswegen auf dem Markt sind, weil es genügend Menschen gibt, die auf der Suche nach Halt und Orientierung sind.

Für viele Menschen sind Esoterik und Spiritualität zwei völlig verschiedene Dinge, die man nicht arglos durcheinanderbringen soll. Der evangelische Theologe Thomas Klie, der an der Universität Rostock lehrt, ist da zurückhaltender. Er will die Esoterik nicht abwerten. In einem »Zeit«-Artikel definierte er vor einigen Jahren die Spiritualität als »Containerbegriff für spätmoderne Religiosität« (Zeit 21/2013). Was in diesen Container hineinkomme, entscheide jeder für sich allein. Klie möchte auch keine scharfe Trennlinie zwischen Spiritualität und Esoterik ziehen. Seiner Ansicht nach entsteht die Esoterik an den Schnittpunkten von Religiosität, Spiritualität und Wellness. Man denke in diesem Zusammenhang nur an Hildegard von Bingen. Schon zu Beginn der 1980er-Jahre wurde die heilige Hildegard für viele Lebensbereiche wiederentdeckt. Dinkelkörner, Hirschzungenelixier und Achatstaub und dazu noch ihre überirdischen Musikkompositionen – Hildegard bot sich wie niemand sonst für esoterisches Gedankengut an. Da half es auch nichts, dass die Forschung vermeintliche Hildegardweisheiten als Fälschung entlarvte. Die Esoterik verbinde mit dem Christentum den Glauben »an ein gestaltendes Prinzip«, so Klie. Der gravierende Unterschied sei allerdings, dass der Christ an einen Schöpfergott glaube. Der Esoteriker hingegen glaube vor allem an sich selbst, an sein eigenes Ego. Er erschaffe sich selbst, so Klie, weil er nicht ertragen könne, dass er das Leben nicht vollends im Griff habe. Bei über 17 Prozent der Menschen, die sich als spirituell bezeichnen, stoßen Horoskope, Astrologie, Kristalle und Magie auf großes Interesse.

Ob Esoterik nun in das Hoheitsgebiet der Spiritualität fällt oder nicht, ist eine Frage der Definition. Wer einen alten Brockhaus von 1973 zu Hause hat, wird die Formulierung finden: »Heute ist Spirituelles darüber hinaus zu einem vielfach verschwommenen Modewort geworden, läuft unter den Oberbegriffen Esoterik und Lebenshilfe und ist auch bereits in nahezu allen profanen Bereichen präsent.« Wenige Jahre zuvor wurde Spiritualität in anderen Lexika sogar als Synonym für Frömmigkeit verstanden. Als fromm möchte heute niemand mehr bezeichnet werden, auch dann nicht, wenn er sich mit kirchlich-christlicher Praxis wohlfühlt.

Je mehr sich das Wort »Spiritualität« in Deutschland durchsetzte, umso mehr Verwirrung machte sich vor allem unter Christen breit. Im Ratgeberteil einer bayerischen evangelischen Kirchenzeitung lässt sich das nachlesen: »Ich gehe zur hiesigen Volkshochschule und finde unter diesem Begriff fernöstliche Angebote, Yoga, Zen, Meditationen. Ich gehe zu kirchlichen Einrichtungen und finde eine Handvoll Namen, immer dieselben, die gerade herumgereicht werden und anscheinend so eine Art Guru darstellen. Ein Kollege machte ein Überlebenstraining bei irgendeinem Institut und schwärmte tagelang von diesem ›spirituellen‹ Erlebnis. Ich frage meinen Gemeindepfarrer, den ich sehr mag, und der erzählt mir, hier gäbe es viel modischen Humbug. Wir sollten bei unserem vertrauten Wort ›Frömmigkeit‹ bleiben. Jetzt kenne ich mich gar nicht mehr aus. Das Wort scheint eine große Faszination auszuüben, auch auf mich, aber kein Mensch scheint zu wissen, worum es geht. Bitte bringen Sie doch etwas Licht in dieses Wirrwarr und erklären Sie mir, einem schlichten evangelischen Christen, was Sinn oder auch Unsinn dieses Wortes ist.« Der Brief stammt aus dem Jahr 2006. Beim Lesen hat man fast den Eindruck, dass sich an der Ratlosigkeit im Umgang mit dem Begriff Spiritualität nicht allzu viel geändert hat. Dem Leser wurde damals geraten, sich die »Herrnhuter Losungen« zu kaufen, ein Buch, das für jeden Tag zwei Bibelstellen und ein Gebet enthält. Jeden Tag solle er sich ein paar Minuten Zeit nehmen und darin lesen, still werden und beten – ein eher hilfloser Versuch, sich der Bedeutung der Spiritualität anzunähern.

Nicht nur Seelsorger, auch ReligionswissenschaftlerInnen sind sich keineswegs einig, was die Definition von Spiritualität betrifft. Und es wird auch keine allgemeingültige Erklärung geben. Dafür ist der Begriff zu vielschichtig – *geworden*, müsste man der Vollständigkeit halber hinzufügen. Denn bis etwa 1950 gab es das Wort im Deutschen nicht. In Frankreich wurde der Begriff *spiritualité* seit dem 17. Jahrhundert verwendet. Gemeint war damit die persönliche Beziehung des Menschen zu Gott. Um 1900 wurde das Wort im Zusammenhang mit französischen Ordensgemeinschaften benutzt. *Spiritualité* beschrieb nun das Ideal einer katholischen Lebensweise im Kloster. Von dort gelangte der Begriff nach Deutschland. Ab etwa 1970 setzte er sich schnell in katholischen und evangelischen Kreisen durch. Die Karriere des Wortes wie auch die Sehnsucht nach einer spirituellen Lebensform überrascht im Nachhinein kaum. Reformation und Aufklärung hatten meditative, kontemplative und mystische Elemente innerhalb des christlichen Glaubens tapfer verdrängt. Vor allem in der evangelischen Kirche vermissten die Gläubigen sinnliche, emotionale Elemente. Dieser Mangel führte im 20. Jahrhundert im Westen zu einer Wiederentdeckung dieser Strömungen. Kolportiert wurde der Begriff Spiritualität auch durch die damals erstarkende ökumenische Taizé-Bewegung. Mit Spiritualität verbanden viele ein Christsein, das sich nicht nur auf den Sonntag beschränkte, sondern den Glauben im Alltag sichtbar machte. Natürlich war auch weiterhin das Leben hinter Klostermauern damit gemeint oder aber eine Lebensform, die das Leben im Kloster und »draußen« miteinander kombinierte.

Der Begriff steht aber noch auf einer zweiten Säule, die im angelsächsischen Raum angesiedelt ist. Dort tauchte der Ausdruck *spirituality* im Zuge der Neugeist-Bewegungen ungefähr um 1870 auf. Man verstand darunter eine persönliche innere Erfahrung, die auf direktem, unmittelbarem Kontakt mit dem Göttlichen, mit der Transzendenz, beruht. Alles ist mit allem verbunden. Gott oder das Göttliche, denn das Gottesbild ist hier eher apersonal, ist in allem und der Mensch verfügt über schöpferische Fähigkeiten, die auch Wunderheilungen ermöglichen. Dieses Spiritualitätsverständnis erklärt die Nähe zur Esoterik. *Spirituality* im angelsächsischen Sinn beschränkte sich nicht auf die eigenen christlichen Wurzeln.

Die so verstandene Spiritualität sprengte die Grenzen der Religionen, Kulturen und Nationen. Sie war universal und speiste sich aus multireligiösen Quellen, indem sie west-östliches Glaubensgut miteinander verquickte. In diesen Kreisen fanden sich Menschen zusammen, die den traditionellen Formen des Christentums nicht unbedingt entsagt hatten, ihnen aber doch kritisch gegenüberstanden. Trotzdem begriffen sich diese Bewegungen zumindest anfangs nicht unbedingt als Gegensatz zur traditionellen Kirche, sondern als Ergänzung.

Die Verwirrung in Bezug auf die Bedeutung des Wortes Spiritualität ist also vermutlich in den unterschiedlichen Denkansätzen zu suchen. Und obwohl das Wort inzwischen in aller Munde ist, bleibt der Begriff »nebulös«, wie es der Religionssoziologe Detlef Pollack von der Universität Münster ausdrückt. Er hat die Bereiche Religiosität und Spiritualität in Deutschland gründlich untersucht und kommt zu interessanten Ergebnissen: Obwohl die Kirchenbänke immer leerer werden, steigt das Interesse an Spiritualität. Immer mehr Menschen bezeichnen sich ausdrücklich als spirituell, aber nicht als religiös. Das bedeutet nicht unbedingt, dass sie sich von ihrem Ursprungsglauben abwenden. Sie wollen aber über den Zaun des eigenen Kirchengrundstücks hinausschauen und interessieren sich dafür, welche Weisheit in anderen Weltanschauungen liegt. Für nicht wenige Menschen bedeutet das zum Beispiel, sonntags in die Messe zu gehen und unter der Woche täglich transzendentale Meditation zu praktizieren. Oder Kundalini-Yoga. Oder spirituellen Obertongesang. Das Angebot wächst und die Nachfrage auch. In Zeiten der Globalisierung zu leben heißt auch, sich mit einer multireligiösen Welt auseinanderzusetzen und seinen Platz darin zu finden. Natürlich sehen die Vertreter christlicher Kirchen diese Entwicklung mit Unbehagen. Doch wenn sie nicht einsehen, dass vielen ChristInnen das spirituelle Angebot ihrer Kirche nicht mehr ausreicht, werden sie nur noch so wenige Schäflein zu zählen haben, dass sie darüber nicht einschlafen können. Nicht zunehmende Säkularisierung ist der alleinige Grund für die Schwindsucht der Kirchen, sondern wachsende Individualisierung. Der postmoderne Mensch wird sich im spirituellen Gemischtwarenladen aussuchen, was ihm persönlich am besten schmeckt. Die einzelnen Module, mit denen er sich seine ganz persönliche Wohlfühlreligion bastelt, werden in Zukunft noch stärker als bisher aus christlicher, religiös ungebundener und weltlicher Spiritualität stammen. Man kann darüber jammern und wehklagen. Man kann die Möglichkeiten einer spirituellen Öffnung aber auch als Bereicherung ansehen. Immer gab es einzelne Geistliche, die sich als Brückenbauer verstanden und die religiösen Mauern durchlässiger machten. Zu den Bekanntesten zählt zweifellos der Jesuitenpater Hugo Makibi Enomiya Lassalle. Er brachte die Zen-Meditation nach Europa, nachdem er den Abwurf der Atombombe in Hiroshima miterlebt hatte. Genauso hat der Benediktiner und Zen-Meister Willigis Jäger den Weg für eine transkonfessionelle Spiritualität bereitet, die west-östliche Weisheit verbindet.

Auch die Wiedervereinigung verändert die Religiosität in Deutschland. Die Zahl der religiös Indifferenten, jener Menschen, die sich als weder religiös noch spirituell betrachten, wächst zusehends. In Westdeutschland rechnen sich 34 Prozent zu dieser Gruppe. In Ostdeutschland sind es stolze 76 Prozent. An Gott oder ein höheres Wesen glauben im Osten etwa 18 Prozent. Im Westen Deutschlands sind es doppelt so viele. Aber auch dezidierte Atheisten erheben in jüngster Zeit Anspruch auf Spiritualität, eben eine atheistische Spiritualität, die vor allem durch den französischen Philosoph André Comte Sponville populär wurde. Das Staunen über die Geheimnisse des Lebens, Gefühle des Einsseins mit der Natur, selbst Durchbruchserlebnisse sind auch Atheisten nicht fremd. Nur werden sie nicht mit dem Transzendenten, dem Göttlichen in Verbindung gebracht. Es gibt sogar atheistische »Gottesdienste«. In den *Sunday Assemblys*, die nach englischem Vorbild auch in Deutschland stattfinden, erinnert vieles an »echte« Gottesdienste: Lesungen, ein Vortrag, eine Zeit der Stille und viel Musik.

Der Psychologe Rudolf Sponsel hat eine Definition der Spiritualität gefunden, die der Bedeutung von zeitgenössischer Spiritualität sehr nahe kommt und mit der sich sogar atheistische Menschen identifizieren können. In seinen Augen meint Spiritualität die Auseinandersetzung mit den »Sinn- und Wertfragen des Daseins, der Welt und der Menschen und besonders der eigenen Existenz und seiner Selbstverwirklichung im Leben«. Sie ist »weder eine eigentlich esoterische noch religiöse Praktik, sondern eine grundlegende Dimension des Menschseins« (Meuthrath, 22).

Da fällt uns doch gleich Sponsels Kollege C. G. Jung ein, der seinerzeit zu bedenken gab: »Nicht ich habe der Seele eine religiöse Funktion angedichtet, sondern ich habe die Tatsachen vorgelegt, welche beweisen, dass die Seele ›naturaliter religiosa‹ ist, das heißt eine religiöse Funktion besitzt: eine Funktion, die ich nicht hineingelegt oder -gedeutet habe, sondern die sie selbst von sich aus produziert, ohne durch irgendwelche Meinungen oder Suggestionen dazu veranlasst zu sein« (Jung, Werke, 27). Unter Religion verstand Jung allerdings nicht unbedingt die Anbindung an eine Glaubensrichtung oder an eine Kirche, sondern das, was wir heute als spirituell bezeichnen würden.

Auf die Frage, was sie mit spirituellen Erfahrungen verbinden, wird von vielen Menschen meist an erster Stelle der Begriff »Liebe« genannt. So versuchen sie die Begegnung oder die Vorstellung von der göttlichen Kraft zu beschreiben, oft in Verbindung mit Adjektiven wie: tief, allumfassend, bedingungslos, überwältigend oder universell.

Spirituelle Bedürfnisse in der Mitte des Lebens betreffen alle Bereiche. Dazu gehört auch der Wunsch, angenommen, geliebt und anerkannt zu werden. Spirituelle Liebe bedeutet aber zunächst einmal, sich selbst zu akzeptieren. Das fällt in der Lebensmitte möglicherweise schwerer als in jungen Jahren, da sich der Körper in dieser Lebensphase verändert. Ein mangelndes Selbstwertgefühl aber führt dazu, dass man ständig nach Bestätigung und Anerkennung durch andere lechzt und diese auch einfordert. Man wird süchtig nach der Zuwendung anderer. Diese Problematik verstärkt sich erst recht in einer partnerschaftlichen Beziehung.

Die Paartherapeutin Siegl Peisl hat viele Menschen durch die schwierige Zeit der Lebensmitte begleitet. Oft ist diese Phase auch mit dem Abschied von den erwachsen gewordenen Kindern verknüpft. Die Partner sind nun auf sich selbst zurückgeworfen und nicht mehr gewohnt, sich auf die Zweisamkeit zu konzentrieren. »Krisen haben ihren Sinn und manchmal auch einen hohen Wert«, sagt Siegl Peisl. »Je öfter ich die Zeiten des glücklichen Zusammenseins erlebe, umso besser halte ich Krisenzeiten aus, umso tragfähiger wird meine Beziehung. Je öfter ich erfahren habe, dass Krisen nicht das Ende einer Beziehung bedeuten, sondern dass wir danach reicher und reifer zusammenfinden können, umso mutiger und lebendiger werden wir als Paar und jeder von uns als Individuum.«

Immer, wenn sie merkte, dass ein Paar offen für spirituelle Wege war, brachte sie diese in ihre Therapie mit ein. »Wenn beide Partner bereit sind, diese Ebene zuzulassen, verfügt das Paar über ein Zusatzinstrument, mit dem es sich helfen kann«, sagt die erfahrene Psychotherapeutin. Manchmal gelingt es ihnen, sich wieder anzunähern und das Gemeinsame zu entdecken. Doch auch, wenn das Paar beschließt, zusammenzubleiben, sind gewisse Trennungsschritte unumgänglich. »Jeder muss wieder mehr er selbst werden«, so Siegl Peisl, die unglücklichen Paaren gern zu mehr Distanz rät. »Es ist meist so, dass mehr eigener Raum, vielleicht angefangen beim eigenen Schlafzimmer, die immer wieder mögliche Nähe besser sichert als banale Gewohnheit.« Mit sich allein sein zu können ist eine wichtige Voraussetzung für eine gelingende Partnerschaft.

In der Kabbala heißt es: »Das Weibliche ist untrennbar von der Region des Männlichen, darum wird es genannt: (…) ›mein Zwilling‹. […] Wenn sie sich dann verbinden, erscheinen sie als ein Körper wahrhaftig. Daraus folgt, dass das Männliche allein nur als ein halber Körper erscheint und ebenso das Weibliche; […] Was darum nicht Männlich und Weiblich enthält, wird ein halber Körper genannt« (Müller, Sohar, 140).

Den »richtigen« Partner zu finden bedeutet also, sich selbst zu kennen und zu finden. Nur so gelingt es, nicht mit dem Rücken zueinander zu stehen, sondern sich von Angesicht zu Angesicht begegnen zu können. Vielleicht werden deswegen Beziehungen, die in der Lebensmitte zustande kommen, häufig als erfüllender erlebt als jene, die in jungen Jahren aufgebaut werden.

Spirituelle Liebe heißt, hinter die Fassade des eigenen Ichs zu schauen, um in der Sehnsucht nach Einheit den Partner nicht zu überfordern. »In der Liebe wird der Mensch seines Ichs enthoben. Er ›wird es los‹ an den anderen. Die wahre Liebe zu einem Menschen ist nicht nur Liebe zu diesem betreffenden Menschen, sondern Liebe zu einem ewigen Sein, für den der oder die andere steht«, so Willigis Jäger (Jäger, Liebe, 64).

Johannes Tauler war überzeugt, dass diese Einheitserfahrung nur durch die Liebe selbst zustande kommen kann. »Der Liebe Wesen ist Liebe; denn sie liebt, um zu lieben.«

Spiritualität zu beschreiben ist auch Jahrzehnte, nachdem sich die Vokabel fest in unserem Wortschatz etabliert hat, so gut wie unmöglich. Spirituell zu sein, gilt als erstrebenswertes Ziel, auch wenn kaum jemand sagen kann, wie man das macht. Man kann Spiritualität auch nicht »machen«. Sie geschieht.

So viel scheint allerdings klar zu sein: Wahre Spiritualität meint nicht unbedingt den Wechsel der Glaubensrichtung. Spiritualität verwandelt die gesamte Persönlichkeit. Es geht darum, das eigene Ego zu überwinden. Spiritualität ist keine Theorie, sondern gelebte Praxis, aus der durchaus auch mystische bzw. transzendente Erfahrungen erwachsen *können*, aber nicht *müssen*. Was Spiritualität letztendlich ist, begreift man nicht, indem man viel darüber liest oder redet. Man muss es tun. Ausprobieren. Kontinuierlich und über einen längeren Zeitraum üben, wie Tauler sagt. Es ist wie mit einem Musikstück, über das man viel gelesen hat. Ob die Musik einen berührt, kann man erst entscheiden, wenn man sie selbst gehört hat. Wenn nicht, gibt es immer noch andere Stücke, die einem vielleicht mehr zusagen.

Spiritualität hängt mit dem lateinischen Adjektiv *spiritualis* zusammen, was man übersetzen könnte mit »zum Geist gehörig« oder auch »zum Atem gehörig«. Das entsprechende Verb heißt *spirare* = blasen, hauchen, atmen. In vielen Kulturen und Religionen wird der Atem mit dem Göttlichen assoziiert. Die Hinduisten sprechen von *prana*, die Buddhisten von *Qi*. Leben ist nur möglich, solange der Atem fließt. Atmen ist Geist – Gottes Geist. Gott »*blies den Odem des Lebens in seine Nase. Und so ward der Mensch zu einer lebendigen Seele*«, heißt es auf den ersten Seiten der Bibel (1. Mose 2,7). *Neshama* ist hier das hebräische Wort für Seele und es hängt mit dem Begriff *nasham* = atmen zusammen. Wer also wie in vielen Meditationsformen üblich auf seinen Atem achtet, erhält Zugang zu seiner Seele.

Und was ist mit der Mystik? Auch über diesen Begriff ist man sich einig in Uneinigkeit. Er löst ähnliches Rätselraten aus wie die Spiritualität. Oft wird heutzutage sogar alles, was auch nur entfernt nach Spiritualität riecht, als Mystik bezeichnet. Mystik ist eine spirituelle Strömung. Sie ist sozusagen eine besonders intensiv gelebte Form der Spiritualität. Mystik gibt es in allen Religionen. Im christlichen Kontext steht die Person Jesu im Zentrum. In der Mystik wird Gott immer erfahren, nicht nur mit dem Verstand geglaubt. Ein Mensch, der mystische Erfahrungen macht, bekommt eine Ahnung vom Heiligen. Dieses Heilige zeigt sich ihm in einem Augenblick, und je mehr er versucht, sich ihm zu nähern, desto mehr entschwindet es. Das Heilige lässt den Menschen erschaudern und zieht ihn zugleich in seinen Bann. Es ist das *Mysterium tremendum* und *Mysterium fascinosum*. Der Religionswissenschaftler Rudolf Otto berichtete von einer solchen Erfahrung in der Zeitschrift »Christliche Welt«. 1911 war er durch den Orient gereist. In der marokkanischen Hafenstadt Mogador, dem heutigen Essaouira, geriet er in eine Synagoge des jüdischen Ghettos. »Ein kleiner, halbdunkler Saal. (…) Gedämpftes Licht von oben. Braunes Getäfel an den Wänden, vom Qualm der dreißig hängenden Öllampen angeräuchert. An den Wänden ringsum Bänke mit abgeteilten Sitzen, wie Chorgestühl von Bettelmönchen. Ein hoher Schrein in der Schmalwand, und in der Mitte ein kleiner Altar mit breitem Pult. (…) Es ist Sabbat und schon im dunklen, unbegreiflich schmutzigen Hausflur hörten wir das ›Bemschen‹ der Gebete und Schriftverlesungen, jenes halbsingende, halbsprechende nasale Cantillieren, das die Synagoge an die Kirche wie an die Moschee vererbt hat. (…) Die Worte zu trennen und zu fassen bemüht sich das Ohr zunächst vergeblich und will die Mühe schon aufgeben, da plötzlich löst sich die Stimmenverwirrung und – ein feierlicher Schreck fährt durch die Glieder. Einheitlich, klar und unmissverständlich hebt es an: ›Kadosch, Kadosch, Kadosch Adonai Elohim Zebaoth‹ …« (Otto, Wege, 708f). Rudolf Otto lauscht ergriffen. Das Dreimalheilig aus dem Buch des Propheten Jesaja ist ihm wohlvertraut. Und doch kommt es ihm so vor, als höre er die Worte zum ersten Mal. An diesem denkwürdigen Sabbat wird Rudolf Otto in den Bann des Heiligen gezogen, das sich mit Worten nur schwer erklären lässt.

Natürlich sind solche Erlebnisse immer subjektiv. Gott ist das große unbekannte Geheimnis. Er bleibt »mysteriös«. Doch auch wenn die Mystik von beiden Kirchen stets schief angesehen wurde, ist sie keine Geheimlehre, die nur Eingeweihten zugänglich wäre. Mystische Spiritualität ist eine Lebensform, die nicht im luftleeren Raum stattfindet, sondern mitten im Alltag. Das schließt Transzendenzerfahrungen nicht aus, aber es geht auch schlichter. In der Begegnung mit Menschen, Tieren, der Natur, der Musik – wer die Sinne offenhält, kann, wie Ignatius von Loyola es ausdrückte, Gott finden in allen Dingen. Vor allem finden wir ihn in uns selbst. Der Weg zu mystischer Gotteserfahrung muss nicht in stundenlangen spirituellen Verrenkungen bestehen. Ganz ohne Übung geht es jedoch nicht. Johannes Tauler empfahl, mindestens einmal täglich in sich zu gehen, »in den Grund«.

Man sollte sich nicht allzu viele Gedanken machen, ob man schon spirituell ist oder noch nicht. Und es ergibt auch keinen Sinn, die eigene Spiritualität mit der anderer Menschen zu vergleichen, von denen man vielleicht den Eindruck hat, dass diese viel spiritueller seien als man selbst. Spiritualität hat nichts mit Erfolg und Leistung zu tun. Sie ist kein geistlicher Wettbewerb, sondern ein Entwicklungsprozess, der bei jedem anders verläuft. Was zählt, ist auch nicht die Menge an transpersonalen Erlebnissen, sondern allein die Frage, ob man selbst zufriedener, gelassener, freier, selbst- und verantwortungsbewusster im Leben stehen und mit Schwierigkeiten souveräner umgehen kann als zuvor.

Trau keinem unter fünfzig – Auf der Suche nach neuen Kraftquellen

Wir erinnern uns: Das Ziel der Mystik bzw. der Spiritualität im Allgemeinen ist die grundlegende Umwandlung der Persönlichkeit. Nie hat Tauler gepredigt, dass dieses Ziel leicht zu erreichen sei. Auch deshalb hielt er es für notwendig, ein gewisses Alter erreicht zu haben: »Der Mensch tue, was er wolle, und fange es an, wie er wolle, er kommt niemals zu wahrem Frieden, noch wird er dem Wesen nach ein Mensch des Himmels, bevor er an sein vierzigstes Lebensjahr kommt. Bis dahin ist der Mensch mit so vielerlei beschäftigt, und die Natur treibt ihn hierhin und dorthin (…). Dann soll der Mensch noch zehn Jahre warten (…) und ist um die fünfzig herum, ehe ihm der Heilige Geist in der edelsten und höchsten Weise zuteil werde, eben dieser Heilige Geist, der ihn alle Wahrheit lehrt. In diesen zehn Jahren, in denen der Mensch zu einem göttlichen Leben gelangt ist und seine Natur überwunden hat, wird er sich in sich selbst kehren, sich einsenken, einschmelzen in das reine, göttliche, einfache innere Gut, wo das edle Seelenfünklein eine gleiche Rückkehr und ein gleiches Zurückfließen in seinen Ursprung hat, von dem er ausgegangen ist (…) und aus dem Menschen wird ein göttlicher Mensch« (Predigten I, 136f). Man muss diese Predigtstelle im Zusammenhang lesen, um zu erkennen, was der Kern der Taulerschen Botschaft ist: Gut Ding will Weile haben. Der spirituelle Weg in der Lebensmitte braucht Zeit. Während sich der Mensch in der ersten Hälfte seines Lebens nach außen richtet – er knüpft Beziehungen und muss seinen beruflichen Weg finden –, konzentriert er sich in der Lebensmitte mehr auf sich selbst, und zwar auf sein Inneres. Er ringt mit existenziellen Fragen, was nicht weiter verwunderlich ist, weil er stärker als in jungen Jahren mit Krankheit und Tod konfrontiert wird. Für Spirituelles bleibt in der ersten Lebenshälfte kaum Zeit. Und wenn doch, dann sollte der Mensch seinem Seelenfrieden nicht allzu viel trauen, solange er die magische Mitte nicht überschritten hat, meint Tauler. Als Begründung gibt er zu bedenken, »dass die Priester des Alten Bundes erst im Alter von fünfzig Jahren Hüter des Tempels wurden, dass sie aber, solange sie im Alter darunter waren, nur Träger des Tempels waren und mit Übungen beschäftigt wurden« (Predigten II, 626).

Auch die Lehrer der Kabbala, der jüdischen Mystik, vermittelten ihr geheimes Wissen traditionell nur Männern, die mindestens vierzig Jahre alt waren. Es erforderte eine gewisse Reife, um die kabbalistische Lehre zu verstehen und anzuwenden. Selbst Menschen, die einen geistlichen Beruf ergriffen haben, spüren mit zunehmender Reife und Erfahrung eine veränderte Einstellung zu ihrer bisherigen religiösen Praxis.

Ein Beispiel: Der ehemalige Benediktinermönch Anselm Bilgri trat nach seinem fünfzigsten Geburtstag aus dem Orden aus und machte sich als Unternehmensberater selbstständig. Schon Jahre zuvor teilte er seinem damaligen Abt Odilo Lechner im persönlichen Gespräch mit, dass sich sein Glaube »verändert, geläutert und entwickelt« habe. »Es könnte sein, dass er dieses Leben im Kloster irgendwann nicht mehr trägt. Dann müsste ich gehen.« Und er ging, allerdings ein paar Jahre später und nicht nur aufgrund seines verlorengegangenen Glaubens. Fast 30 Jahre hatte der Mönch in der Abtei St. Bonifaz in München und Andechs verbracht. Fernab von Stundengebet und Eucharistie verdient er seither in einem säkularen Umfeld sein tägliches Brot. Sein Gottesbild hat sich völlig geändert. Geblieben ist ihm aber eine Art »Urvertrauen«, das Gefühl, »irgendwie getragen zu sein.«

Viele Menschen verweigern die anstehende Auseinandersetzung mit sich selbst. Veränderung im spirituellen Bereich ist von Seiten der Kirchen auch nicht erwünscht und vielen Christen selbst suspekt. Festhalten an erstarrten Glaubensformen ist bequemer und sorgt für Stabilität. Tauler vergleicht solche Menschen mit dem stehenden Wasser in einer Zisterne: »Wenn sie ihre Arbeit auf ihre ihnen von außen durch die Sinne zugetragene Weise tun, so genügt ihnen das vollauf. Sie halten sich an ihre Zisterne, die sie sich selbst gegraben, und Gott sagt ihnen nicht zu. Und von dem lebendigen Wasser trinken sie auch nicht, das lassen sie sein. Und so legen sie sich (des Abends) zum Schlaf nieder, und des Morgens fahren sie in der gewohnten Weise fort: und dabei fühlen sie sich recht wohl. (…) Was sich in solchen Zisternen sammelt, fault und nimmt üblen Geruch an; es trocknet aus, und das kommt vom Vorhaben der Sinne« (Predigten I, 126).

Manche laufen vor dem anstehenden Veränderungsprozess lieber davon. Sie wandern von einer Glaubensgemeinschaft zur anderen, erproben unterschiedliche spirituelle Richtungen, ohne es jedoch irgendwo länger auszuhalten und Wurzeln zu schlagen. Immer dann, wenn sie spüren, dass ihr Weg nach innen führen müsste, ziehen sie weiter. Wer sich der dringend anstehenden Selbsterkenntnis in der Lebensmitte entwindet, verweigert sich dem Leben und seiner Lebensaufgabe. Tauler bezeichnet diese Haltung als »Eigenwille und Selbstgefälligkeit«.

In seinen Predigten kommt Johannes Tauler auffallend häufig auf die vierziger und fünfziger Jahre des gottsuchenden Menschen zu sprechen. Das kann seinen Grund nur darin haben, dass er selbst in der Lebensmitte eine tiefgreifende innere Wandlung durchgemacht hat. Es gibt eine Legende, die diese These bestätigt, die allerdings eben nicht mehr ist als eine Legende. Der Name Tauler wird darin gar nicht genannt, aber seit dem Ende des 15. Jahrhunderts wurde die Geschichte mit ihm in Verbindung gebracht. Sie erzählt von einem weithin bekannten Prediger, der sehr von sich eingenommen ist. Er wird von einem ungebildeten, frommen Laien in seine Schranken verwiesen und

auf die rechte Spur gebracht. Der Laie gehört zu den Gottes-
freunden, einer mystisch-religiösen Bewegung, zu der Tauler
tatsächlich Kontakte pflegte. Der Laie wird zum Seelenführer
des hochgelehrten, fünfzigjährigen Theologen. Das sei genau
das richtige Alter, meint der Gottesfreund, um wahre Demut
zu lernen. Der Prediger stürzt in eine tiefe Krise, kommt an seinen Wendepunkt und erfährt in einer mystischen Vision Gott.
Doch nun fangen die Probleme erst richtig an. Mühsam muss er
lernen, dass es nicht darum geht, den Glauben intellektuell zu
vermitteln. Als er nach langer Zeit wieder die Kanzel besteigt,
treffen seine Predigten mitten ins Herz der Zuhörer.

Kein Mystiker hatte einen so scharfen Blick für die unterschiedlichen spirituellen Bedürfnisse und Fähigkeiten in den
einzelnen Lebensphasen wie Tauler. Niemand thematisierte
die Bedeutung der vierziger und fünfziger Jahre so wie er. Taulers zahlreiche Anspielungen auf die spirituelle Bedeutung der
Lebensmitte verblüffen, weil er vorwegnahm, was C. G. Jung
Jahrhunderte später beschrieb: »Unter allen meinen Patienten
jenseits der Lebensmitte, das heißt, jenseits der 35, ist nicht ein
Einziger, dessen endgültiges Problem nicht das der religiösen
Einstellung wäre. Ja, jeder krankt in letzter Linie daran, dass
er das verloren hat, was lebendige Religionen ihren Gläubigen
zu allen Zeiten gegeben haben. Und keiner ist wirklich geheilt,
der seine religiöse Einstellung nicht wieder erreicht hat, was mit
Konfession oder Zugehörigkeit zu einer Kirche nichts zu tun
hat« (Jung, Seelsorge, 326).

Auf der Suche nach neuen Kraftquellen treffen manche Menschen Entscheidungen, die für ihr Umfeld nur schwer nachvoll-

ziehbar sind. Ein Beispiel: Wie viele andere Konvertiten hatte auch Abdul Hadi Hoffmann alias Christian Hoffmann große Probleme mit Trinitätslehre und Erbsünde. Der Spross einer ur-protestantischen Familie begann irgendwann zu fragen: »Ich bin als Gottes Kind schuldig? Wieso eigentlich?« Christian Hoff-mann las ein Buch über den Islam und stellte erleichtert fest: »Dort gibt es keine Erbsünde, darum auch keine Erlösung. Da-rum ist Jesus nicht am Kreuz gestorben, sondern ein Prophet. Darum ist der Islam letzten Endes ein radikalerer Monotheismus als das Christentum. Das waren die Bausteine und das war ge-nau das, was meinem Denken und meinem Fühlen entsprach.«

1989 änderte Christian Hoffmann sein Leben radikal. In der Botschaft Saudi-Arabiens legte er das Glaubensbekenntnis ab und wurde Muslim. Bis dahin hatte er ein ruhiges und an-gesehenes Leben geführt. Die Bonner CDU hatte den Journa-listen zum Pressesprecher ernannt. Nach seiner Buchveröffentli-chung, in der er sein Leben als Muslim beschrieb, war es mit der Ruhe allerdings vorbei. Bald kamen anonyme Briefe, in denen die Frage gestellt wurde, ob eine christliche Partei einen Mus-lim als Pressesprecher dulden könne. Schlimmer aber waren die unverhohlenen Morddrohungen, die Hoffman Angst machten. Seinen Namen suchte man daher vergeblich am Klingelschild. 2015 starb Christian Hoffmann nach längerer Krankheit. Die Partei hatte er freiwillig verlassen. Er fand eine neue Aufgabe als Berater für arabische Unternehmen. Hoffmann verstand sich als Brückenbauer zwischen den Religionen. In zahlreichen Projek-ten bemühte er sich um die Integration und Anerkennung von Muslimen in Deutschland.

Der spirituelle Wandel der Lebensmitte stellt das bisher Erreichte im Leben infrage und klopft es auf seine Tragfähigkeit ab. Aber er bietet auch die Chance, »wesentlich« zu werden, wie Tauler es ausdrückt. Während der junge Mensch spirituell gesehen ein Anfänger ist, muss er in der zweiten Lebenshälfte »Gott erleiden«. Leidvoll ist dieser Wandlungsweg deswegen, weil der Mensch von Natur aus lieber an der Oberfläche kleben bleibt. Erst das Abtauchen in die Tiefe bringt ihn auf den Grund des Seins.

Ein einziges Eins – Von der Sehnsucht nach Verbundenheit

Das Bestreben, mit dem Göttlichen in Kontakt zu treten, ist in allen Kulturen und Religionen vorhanden, unabhängig davon, wie diese unbestimmte Kraft genannt wird. Auch im traditionellen Yoga gilt die Erfahrung der Einheit als höchstes Ziel. Wenn sich die menschliche Seele (*Atman*) mit der Weltseele (*Brahman*) verbindet, geht es aber nicht nur um die persönliche Einheit mit dem Göttlichen, sondern um die Erfahrung der Entgrenzung, in der das Einssein mit allen und allem erlebt wird. *Atman* ist das Selbst und unterscheidet sich deutlich von dem Sanskritbegriff *Ahankara*, dem Ich oder besser noch: dem Ich-Macher. Man könnte sagen, *Ahankara* ist der egoistische Teil unserer Persönlichkeit, jener negative Teil, der immer alles für sich beansprucht. *Atman* hingegen ist unser innerstes Selbst und nicht zu trennen von der Weltseele *Brahman*. In der vedantischen Lehre heißt es: *Tat tvam asi* – »Das bist du«. Und es meint: Du bist nicht getrennt vom Göttlichen und von anderen Wesen. In deinem wahren Selbst bist du *Brahman.* Sigmund Freud nannte dieses Gefühl das »ozeanische Weltbewusstsein«.

Kritiker halten solche Vorgänge für Spinnerei. Neurologische Forschungen scheinen jedoch das Gegenteil zu beweisen. Im Zustand mystischer Entgrenzungserfahrung werden bestimmte Bereiche des Schläfenlappens aktiv und das Gehirn befindet sich in einem besonderen Bewusstseinszustand, der nicht im normalen Alltag auftritt – auch nicht im Schlaf.

Die Sehnsucht nach Verbundenheit ist ein wesentliches Merkmal postmoderner Spiritualität. Viele Menschen haben den Eindruck, abgetrennt von allem und allen anderen zu sein. Sie sind nicht einmal in Kontakt mit sich selbst. Sie nehmen sich als BeobachterIn wahr, aber sie spielen im Leben nicht richtig mit. Sie gehören nirgends ganz dazu. Diese Erfahrung schmerzt und sie begleitet viele Menschen schon seit ihrer Kindheit. Sie erleben sich als unverbunden, quälen sich durch das Leben, weil ihnen die Fähigkeit fehlt, echte Beziehungen einzugehen. Es mangelt ihnen an Urvertrauen. Immer bleibt eine Skepsis und immer die Vermutung, nicht von dieser Welt zu sein. Diese Männer und Frauen fühlen sich verlassen, verloren und fremd in dieser Welt, auch im vertrauten Umfeld. Wie Aliens gehen sie durch ihr Leben, auf der verzweifelten Suche nach ihrer Identität. Sie meinen, irgendwie anders zu sein und halten sich oft auch für etwas Besonderes. Manche unterstreichen dies durch ein entsprechend auffälliges Outfit. Ein Hauch des Einzigartigen umgibt sie, die ihr Leben gern abseits des Mainstreams arrangieren. Auf der Suche nach Individualität kann es allerdings sein, dass sie eher scheitern als Menschen, die sich nicht so separiert sehen. Zwangsläufig gestalten sich auch die Beziehungen schwierig, denn Menschen, die sich unverbunden fühlen, sind keine Teamplayer. Dabei sehnen sie sich nach nichts so sehr wie nach ihrem eigenen Ursprung und danach, endlich ein Teil des Ganzen zu sein. Im Enneagramm sind diese Menschen oft eine Vier. Das Enneagramm ist eine Typenlehre mit uralten spirituellen Wurzeln, die bei den Sufis oder den Wüstenvätern zu suchen sind. Das Modell beschreibt neun verschiedene Charaktere. Daher auch der Name: *ennea* ist griechisch und bedeutet »neun«. Das Besondere am Enneagramm ist, dass es bei der Einteilung in bestimmte Persönlichkeitsmuster nicht stehenbleibt, sondern konkrete Veränderungsmöglichkeiten aufzeigt.

Das hat Frau H. am eigenen Leib erfahren. »Das Enneagramm hat mir viel geholfen«, erzählt sie. »Ich hatte ein Aha-Erlebnis nach dem anderen. Endlich habe ich begriffen, warum ich über Jahrzehnte hinweg mit Traurigkeit und Eifersucht zu kämpfen hatte. In vielen Nächten hatte ich einen immer wiederkehrenden Traum: Ich saß an einem Tisch mit fröhlichen Menschen. Alle aßen, tranken und redeten miteinander. Aber mich schien niemand zu bemerken. Niemand nahm Notiz von mir. Wenn ich aufwachte, wusste ich jedes Mal, dass dieser Traum mir die Isolation bildlich vorführte, die ich in der Realität auch empfand. Ich hatte ein paar Bekannte, aber keine echten Freunde. Es gelang mir nicht, tiefer gehende Beziehungen zu pflegen, weil ich davon überzeugt war, dass mich sowieso niemand verstehen würde. Ich hatte den Eindruck, anders als alle anderen zu sein und, wenn ich ehrlich bin, glaubte ich auch, besser zu sein als alle anderen. Ständig empfand ich eine unbestimmte Sehnsucht – nach dem unerreichbar Göttlichen oder zumindest nach einem Menschen, mit dem ich mich total verbunden fühlen könnte. Wenn ich zu Hause war, hatte ich Fernweh und wollte verreisen. War ich unterwegs, dann sehnte ich mich nach Hause. Durch die Arbeit mit dem Enneagramm habe ich gelernt, mein falsches Selbstbild aufzugeben und spirituell zu wachsen, indem ich mich auf den Weg zu meinem Ursprung mache. Seit ich begriffen habe, dass ich Gott nicht mehr außerhalb von mir selbst suchen muss, sondern dass er in mir ist, lebe ich viel bewusster im Jetzt. Die Arbeit mit dem Enneagramm ist für mich noch lange nicht zu Ende, sie birgt noch immer neue Überraschungen, aber ich bin viel ausgeglichener geworden als früher.«

Da Reife- und Entwicklungsprozesse *die* Themen der zweiten Lebenshälfte sind, kann das Enneagramm dazu beitragen, die Selbsterkenntnis zu vertiefen und die daraus resultierenden Einsichten in die richtigen Bahnen zu lenken. Kaum jemand hat die Bedeutung und die Möglichkeiten des Enneagramms so herausgearbeitet wie der evangelische Pfarrer Andreas Ebert und der bekannte Franziskanerpater Richard Rohr.

Menschen, die sich abgeschnitten fühlen, hilft es sehr, durch Achtsamkeitsmeditation mit sich selbst in Kontakt zu kommen. Die Erfahrung, wer oder was dieses Selbst ist, von dem Tauler immer wieder spricht, wird umso tiefer, je länger man übt. Die Meditation bringt einen zunächst in Kontakt mit dem Körper, dann mit den Empfindungen und schließlich mit Dimensionen, die über die engen Grenzen unseres kleinen Ichs hinausgehen. Wer das erste Mal in Kontakt kommt mit sich selbst, ahnt, wie es sein könnte, mit seinem Ursprung verbunden zu sein. Viele haben tatsächlich den Eindruck, nach Hause zu kommen. Sie fühlen sich ganz, je länger sie meditieren. Geist und Körper bekämpfen sich nicht mehr, sondern bilden eine Einheit. In der östlichen Tradition weiß man das seit jeher. Im leibfeindlichen Christentum und erst recht im Protestantismus wurde der Verstand überbetont. Für meditierende Anfänger stellt allein die Wahrnehmung der einzelnen Körperregionen eine große Schwierigkeit dar.

Mit fortschreitender Meditationserfahrung kann es ziemlich desillusionierend sein zu erkennen, dass nicht nur in einem selbst, sondern auch in anderen das göttliche Licht scheint. Es geht darum, falsche Überzeugungen zu entlarven und durch andere zu ersetzen. Das ist ein schwieriger, langer Prozess, der mehrere »Kehren« erfordert, weil er nicht auf Anhieb gelingt. Die Selbsterkenntnis führt den Menschen in den eigenen Abgrund, wo er begreift, dass er nichts ist. Doch genau an diesem Punkt versinkt der Mensch »in den göttlichen inneren Abgrund Gottes. Da verliert man sich in völliger und wahrer Verlorenheit seines Selbst. (…) Der eine fließt in den anderen, und es entsteht ein einziges Eins, ein Nichts in dem anderen« (Predigten II, 394f).

Hingabe an den Buddhageist – Portrait II

Das zweite Portrait beschäftigt sich mit Herrn R. und seinem »Durchbruchserlebnis«, das er mir bei Kaffee und Kuchen erzählte.

Herr R. engagiert sich im Buddhistischen Zentrum seines Wohnortes. In seiner Wohnung fühlt man sich sogleich in einen buddhistischen Tempel versetzt. Auf einer hellen Holzkommode gegenüber der Couch thront eine beeindruckende Buddhafigur. Nicht irgendeine billige aus dem Baumarkt, sondern eine Statue, die den strengen Auflagen des Diamantweg-Buddhismus entspricht. Dabei kommt es nicht nur auf das Material und die künstlerische Gestaltung der Statue an. Um ihre volle Wirkung entfalten zu können, wird sie mit Mantrarollen gefüllt und vom Lama gesegnet. Herr R. besitzt noch mehr Buddhafiguren. Die sind kleiner und stehen auf den Regalen an der Längswand des Wohnzimmers. Darüber hängen zwei Fotos. Auf einem ist seine Heiligkeit, der 17. Karmapo Thaye Dorje, zu sehen. Er ist der spirituelle Leiter des Diamantweg-Buddhismus. Auf dem anderen lächelt Lama Ole Nydahl. Er ist der Lama, der Lehrer, der Weise, um den sich viele Anhänger scharen. Weit über 600 Zentren hat der charismatische Nydahl weltweit gegründet. Auf der Suche nach Sinn brach der gebürtige Däne in den 60er-Jahren nach Asien auf. Zusammen mit seiner inzwischen verstorbenen Frau Hannah brachte er den Diamantweg-Buddhismus vom Himalaja aus in alle Welt.

Als Herr R. dem spirituellen Lehrer erstmals begegnete, war er über fünfzig. »Freunde hatten mich zu einer Veranstaltung mit dem Lama nach Passau eingeladen. Ich war ein Pünktlichkeitsfanatiker, aber Ole kommt nie pünktlich, weil er immer weite Reisen macht. Ich wartete ungeduldig, war ein bisschen müde und dachte: Jetzt könnte er aber nun wirklich kommen. Auf einmal hörte ich die Leute rufen: ›Ole, Ole, Ole!‹ Alle standen auf und umringten ihn. Ich war überrascht, denn ich hatte erwartet, dass ein richtiger Lama in vollem goldbehängtem Ornat auftritt. Aber Ole kam in T-Shirt und Kampfanzughose, setzte sich vorne auf die Bühne, strahlte und fing an zu reden.«

Der Lama sprach von Mitgefühl und von Achtsamkeit, Worte, die Herrn K. tief im Innersten berührten. »Und nach einer Viertelstunde war ich überzeugt, dass er für mich der richtige Mensch ist.«

Der Diamantweg ist eine der ältesten, aber auch eine der schwierigsten Formen des tibetischen Buddhismus. Im Diamantweg liegt der Schwerpunkt eher auf der praktischen Meditation. Er ist weniger intellektuell geprägt als der buddhistische Zweig des Dalai Lama. »Die Übungen sind im Diamantweg sehr anspruchsvoll«, erklärt Herr R. Neben der Mantra-Rezitation gibt es »eine Menge Verbeugungen, die wir machen müssen«, sagt er und korrigiert sich schnell. Ein »Muss« gebe es eigentlich nicht, »weil wir wissen, dass alles, was wir tun oder nicht tun, eines Tages auf uns zurückfällt.« Herr R. findet das einleuchtend und gerecht. »Ich ärgere mich über niemanden mehr, der Schlechtes tut, weil ich weiß, dass er in irgendeinem Leben dafür bezahlen wird. Das ist für mich die Gerechtigkeit, die es beim Herrgott nicht gibt.«

Wenn er sich vor der Buddhastatue in seinem Wohnzimmer verbeugt, bedeutet das nicht, dass er sie anbetet, erklärt Herr R. Die Verbeugungen seien ein Ausdruck der Dankbarkeit, der Hingabe an den Buddha-Geist. Danach folgt noch eine Meditation auf den Lehrer, denn »im Diamantweg ist der Lehrer für uns die Hauptperson.«

Zwei bis drei Stunden täglich meditiert Herr R. auf diese Weise. Und das seit vielen Jahren. Die Verbeugungen sind körperlich anstrengend. Herr R. ist schon Ende siebzig und hat Bandscheibenprobleme. Lange hat er in der Altenpflege gearbeitet. »Das bleibt nicht in der Kleidung hängen.« Wäre eine an-

dere Spiritualitätsform nicht bequemer? Herr R. schüttelt den
Kopf. Ihn fasziniert am Buddhismus, dass es sich um eine »Er-
lebenslehre« handelt, wie er es ausdrückt: »Ich gehe den Weg,
der durch mich geschaffen wird. Der ist ja nicht da. Ich schaffe
ihn mir selbst. Auf diesem Weg gibt es natürlich auch Hinder-
nisse, weil ich noch Mensch bin. Aber ich kenne das Ziel. Den
Buddhageist zu erkennen ist das Ziel. Deswegen muss ich den
Weg gehen und die Lehre kennenlernen. Buddha hat auf dem
Sterbebett gesagt: ›Glaubt nicht meinen Worten. Nur wenn ihr
es erlebt, dann macht es auch.‹ Und das ist eine Aussage, die
habe ich im Christentum nirgendwo gehört. Da heißt es immer:
Du sollst, du sollst nicht, du darfst, du darfst nicht. Im Buddhismus kann jeder aus sich das machen, was er gerne möchte und
was er sich wünscht, aber nicht aus seinem Ego heraus, sondern
zum Wohl aller Wesen.«

Eigentlich kommt Herr R. aus christlichen Kreisen. Nach
dem Krieg wuchs er in einem evangelischen Elternhaus in Ham-
burg auf. Das Kindermädchen war katholisch. So lernte er beide Konfessionen von klein auf kennen. Auf seinen zahlreichen
Reisen setzte er sich auch mit anderen Glaubensrichtungen auseinander wie zum Beispiel dem Islam oder dem Theravada-Bud-
dhismus in Thailand, der ihm zusagte. Über diesen Umweg lernte er schließlich den Diamantweg kennen. Seither hält er sich
für den glücklichsten Menschen. »Ich habe mal sehr viel Geld
besessen. Jetzt bin ich ziemlich arm. Trotzdem fühle ich einen
Reichtum in mir, weil ich anderen helfen kann, ihre Sichtweise
zu verändern.«

Und was ist mit Erleuchtung? Herr R. glaubt, es sei nicht so
wichtig, das selbst zu erleben. Viel wichtiger sei es zu vertrauen.

In die eigene Buddhanatur. Oder in Ole Nydahl. »Plötzlich geschehen Dinge, an die man vorher gar nicht gedacht hat.« Er
habe starke Rückenschmerzen gehabt und sei nach dreistündiger
Meditation, die er vorzugsweise nur sitzend durchführte, völlig
beschwerdefrei gewesen. Das sei aber keineswegs das Ziel der
Übung gewesen. »Ich wollte nur meditieren. Nichts weiter. Das
sind Dinge, die geschehen dann einfach.«

Teil III:

Aufbrüche

Wenn Meister Eckhart oder Johannes Tauler vom Durchbruch zur Gotteserfahrung sprechen, dann ist damit zugleich ein spiritueller Aufbruch gemeint, der die enge Verbindung mit Gott ins alltägliche Leben übersetzt. Das galt nicht nur damals, sondern ist für viele Menschen auch heute noch aktuell: Die Psychotherapeutin Siegl Peisl empfindet ihren Durchbruch tatsächlich zugleich als Aufbruch. »Ich bin katholisch aufgewachsen. Es gab schreckliche Ereignisse in meiner Kindheit, die den Grund für meine spirituelle Suche im Erwachsenenalter legten. Das habe ich aber erst später begriffen.« Mit zunehmendem Alter war Siegl Peisl »mit den Sachen, die von Rom ausgingen« nicht mehr einverstanden. Als Mittvierzigerin trat sie aus der Kirche aus. »Aber das hielt ich seelisch nicht aus. Ich hatte Gewissensbisse. Es ging mir richtig schlecht. Und was habe ich gemacht? Ich bin wieder eingetreten.«

Siegl Peisl war zu diesem Zeitpunkt schon praktizierende Psychoanalytikerin und konnte ihre Entscheidung selbst nicht nachvollziehen. »Irgendetwas hat mich getrieben und ich bin wieder eingetreten mit einem Mordszeremoniell. Die Kirche freut sich ja über jeden, der wiederkommt«, lacht sie. Sie war berührt von der Zuwendung, die sie innerhalb der Kirche erfuhr, und doch begab sie sich auf therapeutische Spurensuche. »Ich wollte ergründen, warum ich diese Gewissensbisse und Schuldgefühle nach meinem Austritt hatte.« Im Rahmen ihrer Heilanalyse sah sie sich als achtjähriges Kind gegen Kriegsende in die Kirche laufen, um für die Heimkehr ihres Vaters zu beten. »Ich meine, ich habe das erste Mal so etwas wie göttliche Energie und Trost gespürt.« Der Vater kehrte nicht aus dem Krieg zurück, aber trotz aller Verzweiflung fühlte sich Siegl Peisl »aufgefangen, sodass es irgendwie weitergehen konnte«. Die Psychotherapeutin erkannte, dass es nicht die Institution Kirche war, die ihr Halt gab, sondern jene Kraft, die sie als Energie beschreibt. »Als ich das wusste, bin ich ein zweites Mal ausgetreten. Seit der Zeit bin ich konfessionslos.«

Auf der Suche nach ihrem persönlichen spirituellen Weg fiel ihr ein Buch über den Sufismus von Reshad Feild in die Hände. Tief berührt brach sie in die Türkei auf, um den im Buch beschriebenen Stationen des Autors nachzureisen. »Die Art, wie die Sufis das Göttliche erlebten, hat mir sehr zugesagt, aber das war dann doch nicht das Richtige für mich.«

Siegl Peisl ist um die Fünfzig, als sie zum ersten Mal »leibhaftig« Kontakt mit dem Buddhismus bekommt. Karlfried Graf Dürckheims Buch »Der Ruf nach dem Meister – Der Meister in uns« weckt ihre Neugier auf Zen. Als ihr Mann eine Dienstreise nach Japan machen muss, begleitet sie ihn. Während er auf einer Tagung ist, besucht Siegl Peisl das Zen-Kloster, in dem Graf Dürckheim die Kriegszeit verbrachte. Zurück in Deutschland sucht sie nach einer Möglichkeit, diesen Weg zu vertiefen, und stößt auf Willigis Jäger und seine Meditationsangebote. Das ist inzwischen über dreißig Jahre her. Seitdem meditiert Siegl Peisl fast jeden Tag. »Die göttliche Energie fliegt einem nicht zu«, sagt sie. »Man muss etwas dafür tun.« Wenn sie während einer Therapie spürt, dass das Gespräch ins Stocken gerät, »verbinde ich mich mit meiner Energie. Meistens kommen wir dann auf einen Weg, wo es konstruktiv weitergeht. Solche Momente erlebe ich immer wieder als kleine Wunder. Mein innerer Prozess läuft für die Klienten ganz unbemerkt ab. Diese Geschehnisse kann ich weder beweisen noch richtig begreifen und kaum erklären. Und dennoch finden sie statt.« Siegl Peisl legt ihre Hände auf den Bauch, auf jene Stelle, die im Zen als Hara bezeichnet wird. Auch mit 77 Jahren betreut die Psychotherapeutin noch einige Klienten. Ihr Alter sieht man ihr keineswegs an. Am Tag nach dem Interview wird sie mit ihrem um vier Jahre älteren Mann zu einem Segeltörn aufbrechen.

Siegl Peisl gehört zu jenen Menschen, die offen sind für alle spirituellen Anregungen, letztlich aber selbst entscheiden, welche Impulse sie aufnehmen wollen und welche nicht. Ihre selbstbestimmte Religiosität stimmen sie auf ihren Alltag ab. Ein spiritueller Durchbruch muss nicht immer spektakulär verlaufen; und genauso wenig wird ein spiritueller Aufbruch gleich die ganze Welt aus den Angeln heben. Wohl aber kann er das Leben des einzelnen Menschen auf den Kopf stellen. Mit Aufbruch ist im wörtlichen Sinn gemeint, dass man von einem Ort fortgeht. Im übertragenen Sinne denken wir dabei an einen Neuanfang. Ein spiritueller Aufbruch ist eine Lebensweise, die ein Mensch so bisher noch nicht praktiziert hat, die er aber durchaus als Bereicherung erlebt. Dieses Phänomen wird in Zukunft mit Sicherheit häufig anzutreffen sein. Warum, das erklärt Willigis Jäger so: »Die Frage ist nicht: Braucht der Mensch noch Religion? Der Mensch ist Religion. Was wir als Christen Gott nennen, grenzt sich ein als Mensch, vollzieht sich als Mensch. Gott will nicht verehrt werden, Gott will gelebt werden. Der Spieler des Universums sitzt nicht draußen. Er vollzieht sich als dieses ›Spiel‹« (Jäger, Mystik, 150).

Ein langer Weg nach Hause war es auch für Frau I. In reformierter Tradition groß geworden, wollte sie jahrelang nichts mehr mit Religion oder Spiritualität zu tun haben. Mit Ende vierzig hat sie sich dann hin und wieder dabei ertappt, dass sie auf dem Heimweg öfter in eine katholische Kirche ging, um sich dort für eine Viertelstunde in eine Bank zu setzen und die Stille auf sich wirken zu lassen. Das hat ihr in Stresszeiten unglaublich gutgetan. Manchmal zündete sie sogar eine Kerze an. Beten konnte sie nicht, »schon gar nicht zu Maria oder zu irgendwelchen Heiligen«. Ein Arzt, den sie aufgrund ihrer Rückenschmerzen konsultierte, empfahl ihr Yoga. Der indische Kursleiter brachte seinen TeilnehmerInnen nicht nur die *asanas*, die körperlichen Übungen, bei. Er machte sie auch mit dem spirituellen Hintergrund der östlichen Meditationspraxis vertraut. Frau I. verschlang unzählige Bücher, um ihr Interesse an diesem Thema zu vertiefen. Sie wollte »mehr als nur Entspannung und körperliches Wohlbefinden«. Im Lauf der Zeit investierte sie viel Geld in Buddha-, Ganesha- und andere Statuen, weil sie »tatsächlich Zugang zum Göttlichen« suchte. »Doch irgendwie hatte ich nicht die richtige Antenne für östliche Spiritualitätsformen«, sagt sie.

Mit 53 hat Frau I. auf der Rückreise aus dem Italienurlaub einen Autounfall. Wochenlang liegt sie schwerverletzt im Krankenhaus. Eine Kollegin bringt ihr ein Buch über die 72 Engel der Kabbala mit, das Frau I. aus ihrer Apathie reißt. »Es mag verrückt klingen«, erzählt sie, »aber die Engel der Kabbala waren etwas, an das ich mich klammern konnte, vielleicht auch, weil ich diese Lehre noch nicht kannte. Ich wünschte mir Hilfe, um das seelische und körperliche Trauma verarbeiten zu können. Aber da war noch mehr. Ich hatte das unbestimmte Gefühl, dass dieser Unfall etwas mit meiner neu erwachten Suche nach dem Göttlichen zu tun haben könnte.«

Die Arbeit mit Engelenergien sei einfach, hatte Frau I.'s Kollegin erklärt. Und so stand es auch in dem Buch. Die 72 Engel besäßen heilende, führende und beschützende Kräfte. Man müsse sich nur einen Engel aussuchen, dessen Eigenschaften man gerade besonders brauche. Man solle ihn anrufen, konkret um Hilfe bitten und sich bedanken. Dann müsse man seinen Namen mindestens fünf Tage lang wie ein Mantra rezitieren, wodurch die Verbindung mit dem jeweiligen Engel gestärkt werde und das entsprechende Potenzial im Leben aktiviert würde. Doch so einfach ist die Sache für Frau I. nicht. »Ich möchte immer alles genau wissen«, sagt sie. »Es gab zwar einige Engel, die mir passend erschienen, und tatsächlich probierte ich die Methode am Erzengel Rafael aus. Aber je mehr ich über die Engel der Kabbala las, umso mehr wollte ich über die jüdische Geheimlehre wissen.« Frau I. studierte den »Baum der Sephiroth«, den kabbalistischen Lebensbaum. Er zeigt dem Suchenden, woraus aus mystischer Sicht die Schöpfung besteht und wie sich der Mensch von den Fesseln der materiellen Verhaftung befreien und in die höheren geistigen Sphären aufsteigen kann. Frau I. beschäftigte sich auch mit der jüdischen Zahlenmystik. Sie fand alles »höchst spannend«. Doch je mehr sie las, umso verwirrter wurde sie. »Es war mir zu kompliziert! Ich suchte nach einer Spiritualität, die mir jetzt und hier in meiner konkreten Situation half. Und ich sah nicht ein, warum ich mir überlegen musste, welchen Engel ich anrufen sollte, wenn ich es aufgrund meiner religiösen Sozialisation doch so einfach haben konnte, indem ich Gott oder Jesus direkt ansprach. Mit beiden hatte ich allerdings lange nicht mehr geredet. Ich wusste kaum noch, wie ich das anstellen sollte.«

Über Monate zog sich Frau I.'s spirituelle Suche hin. Als sie aus dem Krankenhaus entlassen wurde und aufgrund ihrer Arbeitsunfähigkeit allein zu Hause saß, fürchtete sie, verrückt zu werden, wenn ihre Suche nicht bald an ein Ziel käme. »Eines Tages, als es mir besonders schlecht ging, setzte ich mich in den Sessel und betete: ›Wenn es dich gibt, Jesus, dann lass mich das erkennen.‹ Ich holte die Zürcher Bibel aus dem Regal, von der ich mich trotz meiner Abnabelung aus reformierten Kreisen nicht hatte trennen wollen, und schlug sie an irgendeiner Stelle auf. Mein Blick fiel auf Johannes 14,6: ›Jesus sagt zu ihm: Ich bin der Weg und die Wahrheit und das Leben; niemand kommt zum Vater, es sei denn durch mich.‹

Ich sah kein überirdisches Licht oder sonst etwas, das mit Erleuchtung zu tun haben könnte. Aber ich spürte in diesem Moment eine Kraft, eine Energie. Und ich hätte sie sogar verorten können: in meinem Rücken. Es war das Gefühl, nach Hause gekommen zu sein, angenommen zu sein, ohne den Vorwurf zu hören: ›Wo warst du so lange? Warum bist du fortgegangen?‹ Eher vermittelte mir diese unsichtbare Energie den Eindruck, als ob sie sagen wollte: ›Schön, dass du da bist. Ich habe die ganze Zeit auf dich gewartet.‹ In diesem Moment fielen sämtliche Fragen und Zweifel, die ich an Gott und Gottes Sohn je hatte, in sich zusammen. Es war nicht so, dass ich nun plötzlich alles hätte glauben können und wollen. Aber die Fragen waren einfach bedeutungslos. Für mich sind Gott und Gottes Sohn eine Erfahrung. Das kann man nicht glauben. Aber ich nenne es auch nicht Gewissheit. Es ist eine persönliche Erkenntnis. Es ist immer noch schwierig für mich zu erklären, was damals in mir vorging, obwohl dieses Ereignis nun schon viele Jahre zurückliegt.«

Frau I. gibt zu, dass sie normalerweise nicht gern über ihre Durchbruchserfahrung spricht. Sie schäme sich ein bisschen und doch auch wieder nicht, »weil ich so zu einer für mich stimmigen Spiritualität gefunden habe. Es war wie ein Aufbruch in ein neues Leben oder in eine neue Sichtweise.« Viel gelassener sei sie geworden, aber keineswegs gleichgültig. Das sei sogar ihren KollegInnen, Familienangehörigen und Bekannten aufgefallen. Die meisten führen das auf den Unfall zurück. »Und das stimmt indirekt ja auch«, schmunzelt sie.

Frau I. ist nicht wieder in die Kirche zurückgekehrt, aus der sie vor vielen Jahren ausgetreten war. Ihre Spiritualität findet im stillen Kämmerlein und im ganz normalen, alltäglichen Leben statt. »Wenn ich in der Natur bin, wenn ich Musik höre, wenn ich mit Freunden bei einem guten Essen sitze, dann erlebe ich spirituelle Momente.« Manchmal verspürt sie den Wunsch nach einem Gottesdienst. Dann geht sie in eine evangelische oder katholische Kirche. Religiöse Zugehörigkeiten sind ihr nicht wichtig. Auch ihre Gebete sind keine Gebete im herkömmlichen Sinn. »Es sind Gebete ohne Worte«, sagt sie. »Eine Art Sitzen in Stille. Einmal oder zweimal täglich versuche ich, mir der göttlichen Gegenwart bewusst zu werden. Normalerweise dauert das fünf bis fünfzehn Minuten, manchmal auch eine halbe Stunde. Ich formuliere keine Bitten. Ich bete nicht einmal mehr für meine immer noch stark angeschlagene Gesundheit.«

Dem inneren Kompass trauen – Spiritualität im Alltag

Und jetzt? Wie findet man von der Theorie zur Praxis? Viele Menschen sehnen sich nach dem Transzendenten, fürchten sich aber zugleich vor der Stille ihres Herzens. Und doch führt kein Weg daran vorbei. »Und darum sollst du schweigen!« mahnt Tauler. »Du sollst dieses tiefe Schweigen oft und oft in dir haben und es in dir zu einer Gewohnheit werden lassen, sodass es durch Gewohnheit ein fester Besitz in dir werde; (...) denn Gewohnheit erzeugt Geschicklichkeit« (Predigten I, 20).

Es dürfte klar geworden sein, dass die Wege zur Spiritualität in der Lebensmitte unterschiedlich sind. Zu behaupten, diese oder jene Form der Spiritualität sei richtiger als die andere, würde der Sache nicht gerecht. Jeder Mensch ist ein Unikum, und so gibt es auch kein Patentrezept für gelebte Spiritualität im Alltag. Menschen in der zweiten Lebenshälfte sind aktiver als in den Generationen zuvor. Eine lebendige Spiritualität muss sich deshalb nahtlos in den Tagesablauf einfügen können, wenn sie dauerhaft bestehen soll. Spiritualität ist eine Haltung, kein Zusatzevent. Es gilt, sich dies immer wieder in Erinnerung zu rufen. Eine Spiritualität, die sich nur in Ritualen erschöpft, derer man überdrüssig geworden ist, führt genau dazu, dass Menschen gerne auf sie verzichten. Verdächtig machen sich aber auch Menschen, die fast schon exzessiv spirituelle Rituale pflegen. Das sind jene, die die meiste Zeit des Tages auf dem Meditationskissen zubringen oder andere spirituelle/religiöse Praktiken pflegen. Sie gehen kaum noch aus dem Haus, außer zu religiösen respektive spirituellen Veranstaltungen, und treffen sich nur noch mit Gleichgesinnten. Die »böse« Welt wird ausgeblendet. Hierbei handelt es sich mit hoher Wahrscheinlichkeit um eine Fluchtreaktion vor der Unbill des Alltags. Es gibt sogar einen Ausdruck dafür: spiritual bypassing. Jene 48-jährige Frau zum Beispiel, die fast jedes Wochenende einen Workshop besucht von Focusing über Nada Yoga bis hin zum Kurzsesshin. Das Angebot ist groß und es gibt immer etwas, das sie noch nicht kennt und für das sie sich interessiert. Das Problem ist nur: Die dringend nötige Auseinandersetzung mit ihren eigentlichen Problemen findet nicht statt. Ihre Ehe ist zerrüttet, sie müsste nach einer Lösung suchen und sich entscheiden, wie sie ihren Lebensweg fortsetzen möchte. Wie gut, dass sie die Gedanken, die während der Meditation immer wieder aufsteigen, einfach vorbeiziehen lassen darf. Auch ChristInnen, die ihre Probleme im Gebet schlicht in Gottes Hand legen und darauf vertrauen, dass er alles gut machen wird, bedienen sich des spiritual bypassing. Und wenn sich junge Menschen (was immer seltener vorkommt) entschließen, einer klösterlichen Gemeinschaft beizutreten, ist auch dies mitunter eine Form davon. Einige von ihnen fühlen sich nicht imstande, mit den harten Herausforderungen der Realität fertig zu werden. Sie verweigern den anstehenden Reifeprozess, was sich später meist rächt. Sie werden nicht das, was sie hätten werden können, wenn sie sich auf ihren Entwicklungsweg eingelassen hätten. Denn Menschwerdung bedeutet, wie im Märchen eine Menge Mutproben zu bestehen, bevor am Ende das wohlverdiente Glück winkt. Deswegen ist die Tiefe der Spiritualität nur jenen zugänglich, die vor der Realität nicht davonlaufen, sondern diese mithilfe der Spiritualität zu meistern versuchen. Spiritueller Wandel und spirituelles Wachstum sind dynamische Prozesse, die nicht abgeschlossen sind, bevor wir die Augen für immer schließen. Dieser Weg ist nichts für Bequeme oder Feige. Es erfordert Furchtlosigkeit und Abenteuerlust, unsichere Pfade zu beschreiten und auch unangenehmen Erfahrungen nicht auszuweichen. Reife und Tiefe sind unter der Glasglocke nicht möglich. Spiritualität *hat* man nicht. Sie hat uns. Eine lebendige Spiritualität formt uns von innen, nicht von außen. Wer nachplappert, was andere vorbeten, ohne dass er es selbst durchlitten oder durchlebt hat, wird das, was Spiritualität wirklich sein kann, nie erfahren: ein Dach im Leben und ein tragender Grund im Sterben. Auf jeden Fall mehr als nur ein schönes Gefühl zur Weihnachtszeit.

Dem postmodernen spirituellen Menschen geht es nicht um abstraktes, theologisches Gedankengut. Er sehnt sich nach tiefer Glaubenserfahrung, die ihm leider in der christlichen Tradition zumeist vorenthalten wird. Dabei wies auch Jesus unermüdlich darauf hin, dass der Mensch Gott erfahren müsse. An ihm lässt sich bestens erkennen, wie Spiritualität im Alltag gelebt werden kann. Jesus nahm sich kontemplative Auszeiten, doch wenn er ins brodelnde Leben zurückkehrte, war er mittendrin und voll dabei.

Welche Grundform religiöser bzw. spiritueller Praxis auch gewählt wird, zumindest eine tägliche kontemplative oder meditative Übung sollte darin enthalten sein. Sie sollte wie im Zazen Körper und Geist zur Ruhe bringen und, wenn es nach Tauler ginge, etwa eine Stunde dauern. Eine halbe Stunde morgens und abends ist sicher der Idealzustand. Allerdings: Fünf Minuten täglich, die aber regelmäßig, sind besser als nichts. Erfahrungsgemäß brechen gerade Anfänger die Übungen ab, wenn die Zeiteinheit am Anfang zu hoch angesetzt wird. Mit zunehmender Praxis haben die meisten von selbst das Bedürfnis, die Übungszeit auszudehnen. Die meditative Übungseinheit ist der Schlüssel zu sich selbst und zur Transzendenz. Das kann beispielsweise die Konzentration auf den Atem und/oder auf ein Mantra sein, das Sitzen in Stille oder eine Gehmeditation. Dann aber gilt es, diese Ruhe und Konzentration in den Alltag hineinzutragen und sich in dieser Haltung auf die tägliche Pflicht oder Kür vorzubereiten. Alles, was mit Achtsamkeit, Gegenwärtigkeit und Bewusstheit geschieht, ist bereits Spiritualität. Jene, die mit dem Wort Spiritualität ihre Schwierigkeiten haben, können meist auch mit dem Begriff Achtsamkeit nicht viel anfangen. Beides gehört jedoch zusammen.

Achtsamkeit ist die Hingabe an den Augenblick. Wir sind achtsam, wenn wir uns auf das einlassen, was jetzt im Moment gerade geschieht, wenn wir ganz bei dem sind, was wir gerade tun. Wenn wir telefonieren und nebenher in den Computer starren oder auf einem Papier herumkritzeln, sind wir nicht achtsam. Wenn wir beim Essen alle paar Minuten auf das Smartphone schauen, sind wir nicht achtsam. Wenn wir uns beim Laufen oder Spazierengehen Stöpsel in die Ohren stecken und nebenher Musik hören, sind wir nicht achtsam. Achtsamkeit bedeutet, der Sache oder der Person, die mich gerade beschäftigt, meine ungeteilte Aufmerksamkeit zukommen zu lassen. Für die meisten Menschen hierzulande ist das inzwischen unvorstellbar.

Achtsamkeit kann zu einem verbindenden Element werden. Sie eint:

- Menschen, die christlich sozialisiert sind und ihren Glauben vertiefen wollen,
- Menschen, die christlich sozialisiert sind und sich vom Glauben distanziert haben,
- Menschen, die einen nichtchristlichen religiösen Hintergrund haben,
- Menschen, die sich als Atheisten oder als religiös indifferent betrachten.

Achtsamkeit ist die Konzentration auf ein bestimmtes Ziel. Achtsamkeit hilft allen. Die Stille und Wahrnehmung dessen, was im Moment ist, hat einen heilsamen Effekt, unabhängig davon, was ein Mensch glaubt. Achtsamkeit ist die Voraussetzung für Meditation, deren Königsweg letztlich die Kontemplation ist. Die Grenzen zwischen Achtsamkeit, Meditation und Kontemplation sind fließend, wobei Meditation und Kontemplation zumeist in einem Atemzug genannt werden. In der christlichen Tradition versteht man unter Meditation das Nachdenken über Bibelverse, Bilder oder Symbole. Kontemplation hingegen ist das schweigende Gebet, das stille Verweilen in der Gegenwart Gottes, die durchaus real erlebt wird. Ein Zustand, der weit über den Verstand hinausgeht, in dem der Mensch »alle Bilder fahren lässt«, wie es die Mystiker verlangen. Für sie ist Kontemplation die höchste Stufe der Versenkung, die zur Einheitserfahrung mit Gott führen kann. Meditation ist ein aktiver Vorgang; Kontemplation geschieht passiv. Man kann Kontemplation nicht willentlich herbeiführen, allerdings durch gezielte Übungen das Erreichen der kontemplativen Bewusstseinsebene fördern. Eine Möglichkeit ist die Sammlung, indem die Aufmerksamkeit auf einen einzigen Punkt gelenkt wird, z. B. auf den Atem oder ein Mantra. Eine andere Variante ist die Entleerung des Geistes. Hier werden Gedanken, Gefühle oder Sinneseindrücke zwar wahrgenommen, aber nicht weiter beachtet und vor allem nicht bewertet. Es ist hilfreich, auf die Lücken (z. B. zwischen den Gedanken) oder die Stille (z. B. zwischen Geräuschen) zu achten. Manchen hilft auch die Vorstellung, in einem Kino zu sitzen. Alle auftauchenden Gedanken spielen sich auf der Leinwand ab, während man über diese hinaus in ein schwarzes oder tiefblaues Nichts schaut, um so immer ungestörter den Raum der Stille erfahren zu können.

Zwischen Kontemplation und Zen-Buddhismus gibt es viele Berührungspunkte. Die fernöstliche Meditation entspricht meist der christlichen Kontemplation. Allerdings wird auch dort differenziert. Der nicht unumstrittene hinduistische spirituelle Lehrer Sri Chinmoy lieferte eine gute Erklärung für den Unterschied zwischen Achtsamkeit (Konzentration), Meditation und Kontemplation: »Wenn wir uns auf Gott konzentrieren, fühlen wir Ihn vielleicht unmittelbar vor oder neben uns. Wenn wir meditieren, fühlen wir auf jeden Fall Unendlichkeit, Ewigkeit und Unsterblichkeit in uns. Doch in der Kontemplation sehen wir, dass wir selbst Unendlichkeit, Ewigkeit und Unsterblichkeit sind. Kontemplation bedeutet unser bewusstes Einssein mit dem Unendlichen, Ewigen, Absoluten. In der Kontemplation entdecken wir uns selbst. In unserer Kontemplation werden Schöpfer und Schöpfung eins. Wir werden eins mit dem Schöpfer und sehen das gesamte Universum in uns« (https://de.srichinmoy-centre.org/yoga-und-das-spirituelle-leben/konzentration-meditation-kontemplation).

Menschen, die gerade erst beginnen, ihre Spiritualität bewusst in den Alltag zu integrieren, sind gut beraten, sich zunächst in Achtsamkeit zu üben. Das kann schon mit einem kleinen Ritual beim Aufwachen beginnen. Viele schlagen morgens die Augen auf und würden sie am liebsten sofort wieder zuklappen, wenn ihnen einfällt, was sie an diesem Tag alles erwartet: ein übervoller Schreibtisch, ein übelgelaunter Chef, ein Stapel Bügelwäsche und am späten Nachmittag die quirligen Zwillinge der Tochter, die heute ihren Müttertreff ohne Kinder hat … Noch bevor der Tag so richtig begonnen hat, entsteht Chaos im Kopf. Besser wäre es, im Bett einige Dehnübungen und ein paar bewusste tiefe Atemzüge zu machen, langsam aufzustehen, das (Sonnen-)Licht und das Wetter wahrzunehmen, ohne es sogleich als schön oder als schlecht zu bewerten, ohne Hast zu duschen, sich anzukleiden, zu frühstücken. All das sollte mit voller Präsenz geschehen, anstatt mit den Gedanken bei den Ereignissen zu verweilen, die erst Stunden später passieren werden.

Eine fünfminütige Kurzmeditation nach dem Duschen oder dem Frühstück nimmt Stress und Ärger die Möglichkeit, sich einzunisten, und gibt dem Tag eine positive Richtung. Auch während des Tages sollte man immer wieder innehalten, bewusst atmen und seine Aufmerksamkeit ganz bewusst auf das lenken, was gerade ansteht.

Für die meisten Menschen bedeutet eine solche achtsame Lebensweise eine grundlegende Verhaltensänderung. Denn viele Abläufe sind zur Routine geworden, sodass man sich manchmal nicht mehr genau daran erinnert, ob man die Wohnungstür abgesperrt hat oder nicht. Hinzu kommt, dass ständig eine Fülle an Informationen auf uns einprasselt, und nicht immer können wir darauf Einfluss nehmen. Das Smartphone oder auch den Fernsehapparat könnte man abschalten, auch wenn viele offenbar nicht wissen, wo sich der entsprechende Knopf befindet. Gegen die Dauerberieselung im Supermarkt und Restaurant lässt sich kaum etwas ausrichten. Sich auf das Jetzt im Alltag zu konzentrieren und mit allen Sinnen auch die banalsten Dinge zu tun, ist eine anspruchsvolle Herausforderung. »Das geht nicht an einem Tag und auch nicht in kurzer Zeit: (…) man muss dabei aushalten: So wird es zuletzt leicht und erfreulich« , weiß Johannes Tauler (Predigten II, 514).

Tauler war ein Mann der Tat, ihm ging es vor allem um die praktische Anwendung der Erkenntnismystik im Leben. Den Alltag zu heiligen, das Heilige im Profanen zu suchen, das ist auch das Anliegen des Zen-Buddhismus. Die *Satipatthana Sutta* (»Die 4 Grundlagen der Achtsamkeit«) gilt als die wichtigste Lehrrede des Buddha. Hier können wir nachlesen, was Buddha unter einem achtsamen Menschen versteht. Er ist »beim Hingehen und Zurückgehen wissensklar in seinem Tun; beim Hinblicken und Wegblicken ist er wissensklar in seinem Tun; beim Beugen und Strecken ist er wissensklar in seinem Tun; beim Tragen der Gewänder und der Schale ist er wissensklar in seinem Tun; beim Essen, Trinken, Kauen und Schmecken ist er wissensklar in seinem Tun; beim Entleeren von Kot und Urin ist er wissensklar in seinem Tun; beim Gehen, Stehen, Sitzen, (Ein-) Schlafen, Wachen, Reden und Schweigen ist er wissensklar in seinem Tun.« Wissensklar beim Handeln zu sein, bedeutet zu wissen, was man tut, wenn man es tut. Streng genommen scheidet somit die Zeitungslektüre auf der Toilette aus. Gerade weil Wissensklarheit so mühsam ist, trennt sich schnell die Spreu vom Weizen. Forscher haben herausgefunden, dass der Mensch etwa drei Wochen braucht, bis eine neue Verhaltensweise in Fleisch und Blut übergegangen ist. Wenn die regelmäßige Achtsamkeitspraxis immer besser gelingt, ohne dass man schon nach spätestens drei Tagen die Lust daran verliert, meint es der Mensch definitiv ernst mit seiner spirituellen Suche.

Die folgenden Kapitel sind als Anregung gedacht, wie die neu gewonnene Spiritualität im Alltag verankert und gelebt werden kann. Sie laden ein, sich selbst intensiver mit dem jeweiligen Thema auseinanderzusetzen und weitere Möglichkeiten für sich zu entdecken.

Im Flow sein – Spiritualität und Arbeit

Arbeit und Spiritualität scheinen schwer miteinander vereinbar zu sein. Und zumindest im westlichen Kulturkreis stellen sich viele die Frage, ob es überhaupt möglich ist, einen göttlichen Funken in der Arbeit zu finden. In der Antike wurde die Arbeit geringgeschätzt. Fürs Grobe hielt man sich Sklaven. Bei den Römern war im Unterschied zu den Griechen immerhin die landwirtschaftliche Arbeit angesehen. Im jüdischen Denken hatte die Arbeit zumindest teilweise einen spirituellen Beigeschmack. Immer wieder ist im Alten Testament davon die Rede, dass Gott die Arbeit segnet. Allerdings lässt die göttliche Drohung: »Im

Schweiße deines Angesichts sollst du dein Brot essen« keinen Zweifel daran, dass Arbeit mit Mühsal verbunden ist.

Im Neuen Testament erfährt nicht zuletzt durch Paulus die Arbeit eine Aufwertung, indem der Apostel sie nicht als etwas sozial Diffamierendes betrachtet, sondern als eine Möglichkeit, seinem Glauben Ausdruck zu verleihen. Das muss auf Griechen und Römer befremdlich gewirkt haben. Die paulinische Einstellung setzte sich im mönchischen Leben der Benediktiner und später der Zisterzienser durch. *Ora et labora* lautet hier die Aufforderung, »bete und arbeite«. Die Reihenfolge der Worte war keine Willkür. Es heißt nicht *labora et ora*. Die Arbeit sollte also aus dem Gebet heraus verrichtet werden und nicht umgekehrt. Dennoch kam es im mittelalterlichen Katholizismus zu einer deutlichen Gewichtsverlagerung zugunsten des kontemplativen Lebens. »*Die vita contemplativa ist besser als die vita activa*« behauptete Thomas von Aquin. Eine Auffassung, die sich hartnäckig hielt und gegen die sich Mystiker wie Johannes Tauler nur schwer durchsetzen konnten. Tauler warnt allerdings davor, der Kontemplation mehr Bedeutung beizumessen als der Arbeit selbst. Spiritual bypassing gab es nämlich schon zu seiner Zeit, auch wenn der Ausdruck noch nicht existierte. Tauler fand dennoch die passenden Worte: »Ihr freilich möchtet am liebsten (von jeder Arbeit) frei sein (um der Betrachtung willen, wie ihr sagt). Das sieht sehr nach Faulheit aus: ein jedes will Auge sein; alle wollen betrachten und nicht arbeiten« (Predigten II, 364).

In bildhafter Sprache versuchte er, Menschen jeglichen Standes für eine intensive Gotteserfahrung mitten im Alltag zu begeistern, fernab aller grauen Theorie. Demnach kann Gott selbst in vermeintlich unbedeutenden Tätigkeiten erfahren werden, sofern sich der Einzelne zu dieser Arbeit berufen weiß. Ein geradezu revolutionärer Gedanke.

Martin Luther war tief beeindruckt von Taulers Spiritualität und griff so manche seiner Ansichten auf, z. B. die, dass der Mensch auch mit weltlicher Arbeit Gott dienen könne. Der Reformator verwendete den Begriff *vocatio* nicht mehr nur im Sinne von Berufung, sondern auch für den Beruf, um deutlich zu machen, dass die spirituelle Dimension nicht nur für Kloster und Kirche reserviert war, sondern auch im alltäglichen Dasein erfahren werden konnte. Die Arbeit selbst wurde zur Berufung und damit zum Gottesdienst. Die Arbeit als sinnstiftendes Element geschah um ihrer selbst willen und um dem Nächsten zu dienen, und nicht mehr nur zum reinen Broterwerb. Diese Auffassung führte zu einer enormen ethischen Aufwertung der profanen Arbeit und hatte im Lauf der Jahrhunderte vor allem durch die calvinistische Interpretation weitreichende soziale und ökonomische Folgen. Die weitere Entwicklung kennen wir: Im Lauf der Zeit ging es hauptsächlich ums Geldverdienen und der Beruf hatte mit Berufung nur noch wenig zu tun. Auch der Dienst am Nächsten rückte zugunsten der Selbstverwirklichung in den Hintergrund. Kein Wunder, dass sich immer mehr Menschen heute fragen, ob und wo sie bei ihrer täglichen Arbeit spirituelle Momente entdecken können. Das hängt allerdings sehr davon ab, welche Einstellung wir selbst zur Arbeit haben. Bewerten wir geistige Arbeit höher als körperliche? Schätzen wir das Ehrenamt genauso hoch ein wie die bezahlte Tätigkeit?

Mit geistlichen oder sozialen Berufen lässt sich Spiritualität naturgemäß leicht in Verbindung bringen. Doch schon Tauler versuchte, seine ZuhörerInnen zu überzeugen, dass es nicht darauf ankommt, *was* man tut, sondern *wie* man es tut. »Wisse, nicht die Arbeit lässt dich unzufrieden werden, sondern die Unordnung, die du in deine Arbeit trägst.« Auf die Haltung kommt es also an. Gelebte Spiritualität durchdringt alles und lässt sich auch von der Arbeit nicht trennen. Selbsterkenntnis und Achtsamkeit tragen dazu bei, dass man unabhängiger wird von der Meinung und Anerkennung anderer. Ein Mensch, der sich um eine spirituelle Lebenshaltung bemüht, wird Schwierigkeiten haben, sich an unethischen Entscheidungen oder sozialen Ungerechtigkeiten zu beteiligen. Die Folge davon kann sein, dass sich ArbeitnehmerInnen genötigt sehen, sich einen anderen Arbeitsplatz zu suchen.

Dem *ora et labora* der benediktinischen Tradition entspricht im Buddhismus *zazen* und *samu*. Die achtsame Haltung wird aus der Zazen-Meditation in die Samu-Praxis übertragen. Welchen spirituellen Weg man auch bevorzugen mag, es ist ausgesprochen hilfreich, die buddhistische Samu-Praxis auf das eigene Leben anzuwenden, das heißt: Praktische Arbeit ist kein notwendiges Übel, sondern eine Gelegenheit, die Achtsamkeitsübung auf alltägliche Verrichtungen auszudehnen. Wer weiß – vielleicht kommt die Erleuchtung ja beim Put-Zen! Kochen, Gartenarbeit, Einkaufen, Bürotätigkeiten, alle Aktivitäten des täglichen Lebens sind Teil der spirituellen Übung, ob sie nun beruflichen oder privaten Zwecken dienen. Es gibt kein wichtig oder unwichtig. Alles ist gleichwertig und wird mit Bedacht und Konzentration durchgeführt.

Wer so arbeitet, gerät in jenen Flowzustand, der es einem ermöglicht, voll und ganz in seiner Tätigkeit aufzugehen. Er wird eins mit dem, was er tut. Im Flow befindet sich unser Gehirn im sogenannten Alphamodus, einem Zustand entspannter Aufmerksamkeit. Die Arbeit selbst, und sei sie noch so profan, wird zur Meditation. Der Geist kommt zur Ruhe.

Mehr Muße, bitte! – Spiritualität und Nichtstun

Sich mit Zeit auseinanderzusetzen heißt heute, das eigene Leben und den eigenen Lebenssinn zu hinterfragen: Was ist uns wichtig? Wir unterliegen dem Diktat der Uhr, und das macht uns zu schaffen. Das Fatale ist, dass wir dies meist erst bemerken, wenn der Absprung aus dem Hamsterrad beinahe unmöglich geworden ist. Statt anzuhalten, treten wir noch schneller, aus Angst, die Zeit könnte uns davonlaufen.

Zeit – was ist das eigentlich? Von der Antike bis heute haben sich viele darüber Gedanken gemacht. Wir haben die Zeit in kleine, messbare Einzelteile zerlegt – greifbar geworden ist sie dadurch jedoch nicht. Je älter wir werden, desto stärker empfinden wir das Fließen der Zeit, desto schneller scheint sie uns wie Sand zwischen den Fingern zu zerrinnen. Wer seine Zeit beherrschen will, muss sich zunächst einmal bewusst machen, dass sie zwei Gesichter hat. Die Griechen sprechen von *chronos*, wenn sie die messbare Quantität der Zeit meinen, jene Zeit also, die wir berechnen können und die uns durch das unerbittliche Ticken der Uhr im Nacken sitzt. Dem gegenüber steht das Wort *kairos* für die Qualität der Zeit. Gemeint ist damit die einmalige Gelegenheit, die rechte Zeit, das Jetzt oder Nie, die Besonderheit des Zufalls, der dem Menschen schicksalhaft entgegentritt. In den industrialisierten Ländern wird weitgehend dem Chronos gefrönt. Es ist auffallend, dass wir beispielsweise schneller gehen als die Afrikaner. Schweißausbrüche, Nervosität, Konzentrationsschwäche, Migräne, Schlaflosigkeit, Depressionen – all das sind typische Symptome, die auftreten können, sobald man in der Beschleunigungsfalle festsitzt. Schlimmstenfalls reagiert unser Körper sogar mit Herz-Kreislauf-Versagen.

»Ich habe keine Zeit.« Kaum ein Satz ist so oft zu hören wie dieser, obwohl uns immer mehr Maschinen Arbeit abnehmen. Anstatt die so gesparte Zeit zur Erholung, zur Muße, zum Nichtstun zu nutzen, füllen wir sie jedoch mit neuer Arbeit oder mit Freizeitaktivitäten aus und geraten dadurch in immer größere Bedrängnis. Ständige Zeitnot führt in der Folge auch zu einer Verschlechterung, wenn nicht gar zum Verlust zwischenmenschlicher Beziehungen. Denn wer will schon gern mit einem gereizten Menschen zusammen sein, der ständig nur an seine nächsten Termine denkt?

Spätestens in der Mitte des Lebens ist bei vielen Menschen die Luft raus. Nichts geht mehr. Das Leben gerät aus dem Takt. Entrhythmisierung nennen das die Wissenschaftler. Nachtruhe, Wochenenden und Feiertage fallen nach und nach dem Beschleunigungszwang zum Opfer. Auch der Wechsel der Jahreszeiten spielt keine Rolle mehr. Dank moderner Verkehrsmittel machen wir Winterurlaub im Sommer und Sommerurlaub im Winter. Doch die Natur kennt keine Pausenlosigkeit. Das Anhalten, das Innehalten ist lebensnotwendig, sonst verlieren wir die Orientierung. Rastloses Umherirren ist die Folge. Mehr als die Hälfte der deutschen Bevölkerung fühlt sich von der atemberaubenden Geschwindigkeit des Lebens bedroht. Die Antwort auf diese Krise lautet: Entschleunigung. Das Wort kam erstmals Anfang der 90er-Jahre in Umlauf. Die Bewegung selbst hatte sich ganz allmählich schon einige Jahre zuvor entwickelt. Als einer der Auslöser gilt Sten Nadolnys Buch »Die Entdeckung der Langsamkeit«. Immer wieder wurde Nadolny seit Erscheinen des Bestsellers als Vater der Entschleunigung bezeichnet. Doch in Wirklichkeit ging es Nadolny nicht so sehr um die Langsamkeit, sondern um Rücksicht auf die sogenannten Eigenzeiten. Weder Schnelligkeit noch Langsamkeit sind Werte an sich. Es kommt vielmehr darauf an, die jeweils angemessene Geschwindigkeit herauszufinden. Welches Tempo und welcher Rhythmus tun uns gut? Die Missachtung natürlicher Rhythmen schadet nicht nur Menschen, sondern auch der Natur. Die ökologische Krise, in der wir uns befinden, ist nicht zuletzt eine Folge unseres falschen Umgangs mit der Zeit, nämlich dann, wenn nicht bedacht wird, wie lange ein Ökosystem braucht, um sich zu regenerieren.

Zeit ist unser kostbarstes Gut. Auf die allgemeine Beschleunigung reagieren immer mehr Menschen mit Gegenmaßnahmen: Tai Chi statt morgendliches Jogging im Park; Slow Food statt Fastfood und immer öfter auch der zeitweise Ausstieg aus dem Job. Viele Beschäftigte nehmen ein Sabbatjahr in Anspruch. So auch Frau K., Pressesprecherin eines großen Autokonzerns. Sie hatte nach sechsjähriger Berufstätigkeit das Gefühl, aus dem Gleichgewicht geraten zu sein. »Ich wollte etwas ganz anderes machen. Reisen, neue Menschen kennenlernen, frei sein, einen Gang zurückschalten und mal ganz das Gefühl für die Zeit verlieren.« Ganz allein und nur mit dem Rucksack auf den Schultern zog sie durch Südafrika. Am Ende dieser Auszeit war sie mit sich selbst wieder im Einklang.

Es ist interessant, wie viele Menschen sich nach einem Sabbatjahr sehnen, obwohl sie mit dem religiösen Hintergrund dieser Idee kaum noch vertraut sind. Der Sabbat, ein Tag der Ruhe, der auf die Schöpfungsgeschichte im Alten Testament zurückgeht, wird im westlichen Kulturkreis immer weniger geschätzt und geachtet. In Analogie zum wöchentlichen Sabbattag sollte nach sechs Jahren Bebauung dem Ackerland ein Sabbatjahr gewährt werden und brachliegen. Das Sabbatgebot diente dazu, die Ressourcen zu schonen. Arbeit und Ruhe müssen im ausgewogenen Verhältnis zueinanderstehen. Nur Muße ist genauso schädlich wie nur arbeiten. Auch Anselm Bilgri, von dem oben schon die Rede war, spürte mit etwa fünfzig Jahren, dass er eine Auszeit brauchte. Ein halbes Sabbathjahr wurde ihm gewährt. Danach entschloss er sich, nicht mehr in das Kloster zurückzukehren und aus dem Orden auszutreten. Seither berät er Unternehmen, hält Vorträge, veranstaltet Seminare und schreibt Bücher. Seit 2013 betreibt Anselm Bilgri außerdem mit zwei weiteren Partnern die Akademie der Muße (http://www.akademie-der-musse.de). »In der Lebenswelt der Antike war die Muße das Wichtigste«, so Bilgri. »Man hat nur deshalb Geld verdient, um Zeit für Muße zu haben.« Bilgri möchte, dass die Menschen dieses Element wiederentdecken und in ihren Alltag einbauen. »Ich muss meine verlorene Energie in irgendeiner Form wiedergewinnen, und zwar nicht nur die körperliche Energie, sondern auch mentale Energie, indem ich mal abschalte. Ich darf das Hirn nicht immer nur für ökonomisch verzweckbare Dinge gebrauchen.«

Der »Verein zur Verzögerung der Zeit« (https://www.zeitverein.com) begegnet dem Beschleunigungswahn auf völlig andere

Weise – mit Humor. 1990 in Klagenfurt gegründet, machten die Zeitverzögerer mit Aktionen der besonderen Art auf sich aufmerksam, am spektakulärsten mit dem Auftritt von Läuferinnen, die eine 100-Meter-Strecke nicht unter einer Stunde zu absolvieren hatten. Der Münchner Rechtsanwalt Erwin Heller ist seit 1992 Mitglied des Vereins. »Als Rechtsanwalt arbeitet man in einem sehr stressgefährdeten Bereich, und ich wusste einfach nicht mehr ein noch aus.« Heute wirkt Heller sehr gelassen. Die Arbeit ist nicht weniger geworden, aber er hat sie besser im Griff. Auch die Ergotherapeutin Angelika Drabert hat sich den Zeitverzögerern angeschlossen. Seither reagiert sie für ihre Mitmenschen oft völlig überraschend, wenn man sie zu hetzen versucht: »Wir haben einen Spruch, der lautet: ›Mit mir können Sie's nicht machen. Ich bin im Verein zur Verzögerung der Zeit.‹ Das entschleunigt ungeheuer. Und wenn jemand zu mir sagt: ›Wart mal schnell‹, dann antworte ich grundsätzlich: ›Darf ich bitte auch langsam warten?‹ Das verwirrt die Menschen sehr.« Wie die anderen Mitglieder des Vereins fühlt sich auch Angelika Drabert verpflichtet, die Menschen zum Innehalten und Nachdenken anzuregen. Der Ausstieg aus der Beschleunigungsgesellschaft kann nur gelingen, wenn jeder Einzelne sich fragt, ob ihm sein bisheriger Umgang mit Zeit wirklich guttut.

Muße leitet sich vom mittelhochdeutschen Wort *muoze* ab und bedeutete so viel wie »Gelegenheit« oder »Möglichkeit«. Muße ist freie Zeit, die nicht von äußeren und inneren Zwängen bestimmt ist. Doch genau hier beginnt das Problem. Denn auch die Freizeit ist bei den meisten Menschen durchgetaktet. Die industrialisierten Gesellschaften haben die Fähigkeit zur Muße verloren.

Kaum jemand kennt oder verwendet den Begriff noch, höchstens in Verbindung mit dem Sprichwort: Müßiggang ist aller Laster Anfang. Besser wäre es, eine alte chinesische Lebensweisheit zu verinnerlichen: »Wenn du es eilig hast, gehe langsam.« Gerade in Stresszeiten ist es wichtig, aufzutanken und zur Ruhe zu kommen. Einfach einmal nichts zu tun – wem gelingt das noch? Manche haben ein schlechtes Gewissen, andere haben es nie gelernt. Das hat natürlich auch religiöse Gründe, die nicht nur bei den arbeitswütigen Reformatoren zu suchen sind, denen jegliche Entspannung und Erholung verdächtig erschien. Kein Geringerer als Papst Gregor der Große ersetzte die Todsünde der Traurigkeit durch die Todsünde der Faulheit. So etwas prägt eine Kultur.

Andere Völker scheinen damit weniger Probleme zu haben. Von den Griechen zum Beispiel können wir lernen, was Muße ist. Sie schaffen es, Stunden vor dem Haus oder im Kafenion, dem traditionellen griechischen Kaffeehaus, zu sitzen und nichts anderes zu tun als zu schauen. Selten konsumieren sie mehr als einen kleinen Kaffee. Vielleicht liegt es daran, dass die Muße im antiken Griechenland ihre Wurzeln hat. Unser Wort »Schule« kommt aus dem griechischen σχολή (*scholé*) und bedeutete Muße, Ruhe, Studium, aber auch Verzögerung und Langsamkeit. Um nachdenken zu können oder schöpferisch tätig zu sein, brauchen wir Muße: den Gedanken nachhängen, in den Himmel schauen anstatt aufs Smartphone. An einem Bach, einem See oder am Meer sitzen und aufs Wasser schauen. Die Wellen beobachten, wie sie kommen und gehen. Es hilft, sich so oft wie möglich in die Natur zu begeben, um diese auf sich wirken zu lassen, ohne dem inneren Antreiber zu gehorchen, der uns einreden will, dass wir diese Zeit doch besser nutzen könnten oder doch gleichzeitig etwas für unsere Gesundheit tun könnten, indem wir ein paar Runden joggen. Auch Wartezeiten können zu Mußezeiten werden – an der Bushaltestelle oder beim Arzt. Muße hat mit Achtsamkeit zu tun. Wahrnehmen, was ist. Und diesen Ist-Zustand muss man aushalten. Das ist für viele Menschen nicht leicht. Wenn es gelingt, ist es Muße. Doch schon der Weg dorthin ist Spiritualität.

Laufen und Beten – Spiritualität und Sport

Wann fängt Spiritualität an und wo hört sie auf? Im Grunde genommen ist alles, was mit wachem, bewusstem Geist geschieht, ein spiritueller Akt. Achtsamkeit, Konzentration, Aufmerksamkeit versetzen den Menschen in den berühmten Flow-Zustand. Flow ist eine Form der Spiritualität. Natürlich ist Sport ist nicht per se spirituell. Es kommt wie überall auf die Einstellung an.

Herr M. zum Beispiel, der sich seit Jahren sehr rational mit dem Thema Spiritualität beschäftigt, fand vor einigen Jahren Geschmack am Bogenschießen. Er hatte davon gehört, dass die Kunst des Bogenschießens die Achtsamkeit schulen solle. Doch Herr M. verfiel schnell in sein altes Muster. Ehrgeizig wie er ist, ging es ihm darum, möglichst oft ins Ziel zu treffen. Meditativ ist das nicht. Das merkte Herr M. selbst und gab das Bogenschießen bald wieder auf.

Beim meditativen Bogenschießen geht es darum, eins zu werden mit dem Bogen, dem Pfeil und der Zielscheibe und eine Haltung aufzubauen, die dazu führt, dass »es« schießt. Das ist für Menschen aus dem westlichen Kulturkreis schwer nachzuvollziehen. Wir neigen dazu, immer nur auf die messbaren Ergebnisse zu schielen. Meditatives Bogenschießen kann, wie andere Sportarten auch, zu einem Bild für das eigene Leben werden: Die krampfhafte Anstrengung, das Ziel zu erreichen, bewirkt meist das Gegenteil.

Nicht die jeweilige Sportart an sich führt zu einer spirituellen Erfahrung, sondern die Bewegung in Verbindung mit einer achtsamen Haltung. Dass Kampfsportarten wie zum Beispiel Karate, Tai Chi oder Qi Gong mit Zen in Verbindung gebracht werden, scheint heutzutage selbstverständlich. Das war aber nicht immer so. Die Kampfkünste dienten ursprünglich nur einem Ziel – den Feind zu überlisten. Erst als in Japan zu Beginn des 17. Jahrhunderts nach langem Bürgerkrieg eine Friedenszeit anbrach und die alten Verteidigungstechniken überflüssig zu werden schienen, entdeckte man Gemeinsamkeiten zwischen Zen und Kampfkunst: Beides erfordert Ausdauer, Willenskraft und Disziplin. In der Zen-Kampfkunst geht es nicht um den Kampf mit anderen, sondern um den Kampf mit dem eigenen Selbst. Auf dem Weg zum Selbst müssen die persönlichen Grenzen erkannt und überwunden werden. Insofern kann der Sport zum Symbol für das Spiel des Lebens werden.

Shaolin-Mönche wissen, dass der Sieg nicht unbedingt eine Frage körperlicher, sondern vielmehr mentaler Stärke ist. Dazu bedarf es der Achtsamkeit und Konzentration. Dieser Zen-Geist lässt sich im Grunde auf alle Sportarten anwenden. Ob Profis oder Amateure – viele SportlerInnen erreichen ihr Ziel nicht, weil die innere Einstellung nicht stimmt. Vor allem in Wettkampfsituationen kann Achtsamkeit die Leistungen enorm verbessern. Aber auch, wer nur aus Spaß an der Freude Sport betreibt, wird erkennen, dass eine meditative Haltung seine sportlichen Aktivitäten enorm bereichert. Umgekehrt wird so auch der Sport selbst zur Meditation.

Kaum eine Sportart ist so stark von der geistigen Einstellung abhängig wie das Golfspiel. Ein schlechter Schlag bewirkt, dass auch die nachfolgenden Schläge nicht recht gelingen. Joseph Parent, langjähriger Schüler des tibetischen Meditationsmeisters Chögyam Trungpa, konnte zahlreichen Golfspielern einen Ausweg aus diesem Dilemma zeigen, indem er ihnen half, die »mentalen Sandsäcke« abzuwerfen und sich nur auf den Augenblick zu konzentrieren. Das Ergebnis ist ein befreites Spiel, dessen zenbasierte Methoden auch im Alltag positive Auswirkungen haben.

Spirituelle Momente kann man bei jedem Sport erfahren – beim Klettern, Drachenfliegen, Schwimmen oder Radfahren. Passionierte Fahrradfahrer schwärmen von dem Gefühl, nach einer Weile eins zu werden mit ihrem Rad und der Luft, die ungehindert den ganzen Körper umspielt. Zu erleben, dass ihre Muskelkraft unmittelbare Auswirkungen auf die Geschwindigkeit hat, erzeugt bei manchen einen Zustand, den man durchaus als spirituell bezeichnen kann.

Auch Reiter kennen das Gefühl, mit ihrem Pferd zu verschmelzen. Karlfried Graf Dürckheim weist in seinem Buch auf die französische Redewendung hin: »*Il n'est pas dans son assiette*« – »Er ist nicht in seinem Sitz«. Gemeint ist, dass ein Mensch nicht in seiner Mitte ist. Er ist leicht umzuwerfen. »*L'assiette*« ist nicht nur der Teller, sondern auch das Becken. Wenn der Reiter das Becken richtig auf dem Pferderücken positioniert, sitzt er in seiner Mitte und kann die Bewegung mit dem Pferd optimal koordinieren. Im Zazen wird der korrekten Ausrichtung des Beckens große Bedeutung beigemessen, da nur so ein langes Sitzen in Stille möglich ist. Reiten und Zen sind ein ideales Paar.

Das Joggen zählt zu den beliebtesten Sportarten in Deutschland. Natürlich kann man beim Laufen beten oder Mantras rezitieren und dadurch die sportliche Betätigung zu einem spirituellen Vorgang machen. Notwendig ist diese Kombination jedoch nicht. Vielen erscheint sie sogar eher hinderlich. Schon das Laufen an sich führt zu einer veränderten Bewusstseinshaltung, die der des Betens oder Meditierens nicht unähnlich ist. Es liegt in der Natur christlicher Tradition, der körperlichen Aktivität allein nicht recht trauen zu wollen, sondern sie durch religiöse bzw. spirituelle Praktiken »heiligen« zu wollen.

Den Zusammenhang von Laufen und Beten hat Stefan Schneider von der Sporthochschule in Köln vor einigen Jahren untersucht. »Weder körperliche Aktivität noch das Gebet werden Glück, Heil oder spirituelle Erlebnisse garantieren. Es gibt diese spirituellen Erlebnisse nicht auf Rezept. Aber beide sind in ihrer Befriedigung körperlicher Bedürfnisse (nach Ruhe/nach Aktivität) Voraussetzungen für spirituelle Momente«, so Schneider, der Sportwissenschaft und Theologie studiert hat (Schneider, Laufen, 171). Schneider gibt denn auch zu bedenken, dass die Entscheidung: »Beten oder Laufen?« von den persönlichen Lebensumständen abhängt. So wird ein Mensch, der den ganzen Tag auf dem Bürostuhl gesessen hat, nicht unbedingt noch eine Stunde in körperlicher Ruhe beten oder meditieren wollen. »Im Gegensatz dazu wird der oder diejenige, der/die einen physisch anstrengend Tag hinter oder vor sich hat, über Momente körperlicher Ruhe erfreut sein« (ebd.).

Die gleichförmige Bewegung, die Synchronisation mit dem Atem und der Kontakt mit der Natur sorgen dafür, dass der Kopf beim Laufen leergefegt wird und der endlose Strom aufdringlicher Gedanken allmählich abreißt. Allerdings setzt dieser Effekt erst nach etwa einer Stunde ein. Es ist eine Art Verschmelzungszustand, der dem Läufer das Gefühl vermittelt, nur im Hier und Jetzt zu sein, verbunden mit dem, was wir gemeinhin als Glück bezeichnen. *Runner's High* nennen das ambitionierte LäuferInnen. Diese Erfahrung, dass Körper und Geist eins werden und dass eine transzendentale Wirklichkeit berührt wird, ist durchaus ein spirituelles Erlebnis. Vielleicht ist genau diese meditative Erfahrung der Grund dafür, dass in einer zunehmend säkularisierten Gesellschaft der Sport selbst, insbesondere das Laufen, zu einer Art Ersatzreligion geworden ist. Der Mensch braucht regelmäßig Momente, in denen er die engen Grenzen seines Ichs hinter sich lässt. 2010 kam die Schweizer Theologin Maria Regli auf die Idee, Spiritualität und Laufen zu verbinden. Sie rief einen Lauftreff ins Leben, der auch Anfängern offenstand. In Deutschland fiel dieser Impuls auf fruchtbaren Boden. Der katholische Sportverband DJK empfiehlt das Joggen seit Jahren als spirituelle Übung.

Dasselbe funktioniert selbstverständlich auch beim Gehen. Gehen ist für den Menschen ein energiesparender Vorgang. Laufen ermüdet die Muskeln sehr viel schneller. Jean-Jaques Rousseau, einer der wichtigsten Philosophen des 18. Jahrhunderts, behauptete sogar, dass er nur im Gehen denken könne. Er nannte diesen Zustand Träumerei. Nach heutiger Kenntnis befand er sich ganz einfach im meditativen Alpha-Modus. Nach eigenem Bekunden fühlte sich Rousseau dabei sehr glücklich.

Schon Benedikt von Nursia empfahl seinen Mönchen, die biblischen Texte im Gehen zu lesen, eine aus dem Judentum kommende Tradition, die dort auch heute noch praktiziert wird. Dahinter stand die Erfahrung, dass körperliche Bewegung den Geist zur Ruhe bringt.

Auch das meditative Wandern kann zu neuen spirituellen Erfahrungen führen. Eine Wanderung lässt sich zumindest einmal in der Woche gut in den Alltag integrieren. Dabei gilt es, das Leistungsdenken außen vor zu lassen. Selbst beim Pilgern gibt es Menschen, die ihre Hektik nicht ablegen können, sondern ihr Ziel möglichst rasch und ohne Zeitverschwendung erreichen wollen. Bewusstes, achtsames Gehen müssen viele erst erlernen. Dafür eignen sich regelmäßige meditative Wanderungen bestens. Nicht das Ziel ist entscheidend, auch nicht die gelaufene Strecke; es kommt nur darauf an, mit allen Sinnen unterwegs zu sein. Um den eigenen Körper wieder mehr wahrzunehmen, kann das Barfußlaufen beispielsweise eine gute Übung sein. Meditativ zu wandern, bedeutet, sich ganz bewusst auf die Natur einzulassen und sie mit neuen Augen zu sehen. Flüsse, Bäume, der Wechsel der Jahreszeiten – alles kann dann zum Symbol für das eigene Leben werden. Wer unterwegs und in Bewegung ist, muss Widerstände überwinden und seine eigene Begrenzung akzeptieren.

Klang als Religion – Spiritualität und Musik

Denkt man an Spiritualität und Musik, fällt vielen zuerst der Gregorianische Choral ein. »Ich erinnere mich noch sehr gut, wie ich als Kind an der Hand meiner Mutter in die Kirche ging. Das war für mich damals immer eine faszinierende Gegenwelt. Draußen lärmte es; drinnen war es ruhig und es roch so schön katholisch. Diese Mischung aus abgestandenem Weihrauch und frischem Bohnerwachs ist mir heute noch in der Nase. Und dazu gehörte auch der Gregorianische Choral. Das hat sich mir sehr eingeprägt.« Der Choral hat Stefan Klöckner seit seiner Kindheit nicht mehr losgelassen. Heute ist er Professor für Gregorianik an der Folkwang Universität der Künste in Essen. Der Gregorianische Choral ist der älteste Gesang des Abendlandes. Immer wieder gab es Zeiten, in denen es still um ihn wurde. Doch nie gelang es, ihn völlig zum Verklingen zu bringen. Wer sich auf die Texte und Melodien einlässt, dem können sie durchaus Halt bieten in Zeiten der Orientierungslosigkeit, der Krisen und der Glaubenszweifel.

Der Gregorianik-Experte Stefan Klöckner ist davon überzeugt, dass der Choral eine Schule der Spiritualität ist. Und deswegen wurmt es ihn, wenn man ihn auf Wellness-Musik reduziert. Gern erzählt er die Anekdote, als er aufgrund von Nackenverspannungen zur Krankengymnastik musste und der Therapeut ihn fragte: »Was möchten Sie während der Massage hören? Tibetische Mönche, Gesänge der Wale oder Gregorianischen Choral?« Klöckners Antwort, dass er »zur Vermeidung weiterer Verspannungen lieber gar nichts« hören wolle, stieß beim Therapeuten auf blankes Unverständnis: »Das ist aber komisch. Normalerweise nehmen die Leute Gregorianischen Choral.«

Der Gregorianische Choral ist eine Sammlung liturgischer, einstimmiger und unbegleiteter Gesänge. Der weitaus größte Teil basiert auf Bibeltexten. Zumeist handelt es sich dabei um

Psalmen. Und genau deshalb ist der Gregorianische Choral so aktuell, meint Stefan Klöckner: »Es gibt keine Verfassung, keine Stimmung, kein Faktum im menschlichen Leben, das vor Gott ausgeblendet wäre im Gebet der Psalmen. Da ist alles drin. Da ist das Jubeln drin, das Trauern, das Klagen, das Fluchen, das Verdammen, das Nachdenken über das Gesetz – alles.«

Gregorianischer Choral ist gesungenes Wort Gottes, das meditiert und rezitiert wird und vor allem: interpretiert. Die Melodie richtet sich nach dem Text, nicht umgekehrt. Während des Zweiten Vatikanischen Konzils wurde beschlossen, dem Gregorianischen Gesang in der Liturgie wieder einen höheren Stellenwert beizumessen. Tatsächlich setzte ein ungeahnter Gregorianik-Boom ein, allerdings erst Jahrzehnte später und auch nicht dort, wo die Väter der Liturgiereform die traditionsreichen Gesänge je vermutet noch gewünscht hätten. Kreative Musikproduzenten mischten Gregorianischen Choral mit Popmusik, stülpten den Interpreten Mönchskutten über und schufen so einen unverwechselbaren Sound, der aus jeder Disco klang. Die Geistlichkeit rieb sich verwundert die Ohren und dachte an das Augustinuswort: »Wie habe ich geweint unter deinen Hymnen und Gesängen, tief bewegt von dem Wohllaut der Stimmen deiner Kirche. Jene Stimmen, sie fluteten in mein Ohr, und durch sie ward die Wahrheit in mein Herz eingeflößt, und fromme Gefühle wallten in ihm auf, die Tränen strömten, und mir war so selig in ihnen zumute.«

Angesichts der Auswüchse, die die neue Lust an der alten Musik hervorbrachte, trieb es manchen Zeitgenossen ebenfalls die Tränen in die Augen. Warum klappte außerhalb der Kirchen das, was im Gottesdienst so verpönt war? War den Menschen der Choral nur noch in verfremdeter Form zuzumuten? Keineswegs! Nicht nur falsche Mönche schlugen die Menschen in ihren Bann. Noch besser gelang dies echten Ordensmännern, die ihre Kutte so selbstverständlich trugen, wie sie der lateinischen Sprache mächtig waren. Die Zisterzienser von Stift Heiligenkreuz in Österreich lösten mit ihrer CD »Chant – Music for Paradise« einen wahren Hype aus. Dabei waren sie nur auf einen fahrenden Zug gesprungen. Denn bereits 1994 sorgten Mönche der spanischen Abtei Silos für Furore. Dreißig Jahre zuvor hatten sie zum Zweck der Dokumentation ihre Gesänge aufgenommen. Nun kam ein findiger Geschäftsmann auf die Idee, diese auf zwei CDs zu pressen und sie, begleitet von einer beispiellosen PR-Kampagne, auf den Markt zu werfen. Die Qualität der Aufnahme war eher mittelmäßig, aber der Gesang der Mönche so authentisch, dass er die Menschen in der Tiefe ihrer Seele berührte. Die Doppel-CD sprengte zunächst in den USA, dann auch in Deutschland sämtliche Rekorde.

Was ist es, das die Menschen am Gregorianischen Choral so fasziniert? Metaphysische Sehnsucht? »Die Musik erreicht in unserer Seele Punkte, die wir beispielsweise mit dem Wort oder einer Skulptur nicht erreichen können. Hildegard von Bingen hat gesagt, dass sie in unserer Seele das Harte bewegt«, meint Schwester Lydia Stritzl. Sie lebt seit über dreißig Jahren in der Abtei St. Hildegard. Das Kloster liegt malerisch in den Weinbergen oberhalb von Rüdesheim am Rhein. Schwester Lydia ist Organistin und beteiligt sich wie alle Schwestern in St. Hildegard auch an den Gregorianischen Gesängen. Auch Hildegards Kompositionen werden im Kloster gesungen, die sich allerdings von Gregorianischen Chorälen deutlich unterscheiden. Spirituell ist Hildegards Musik aber allemal.

Die Bezeichnung »Gregorianischer Choral« ist irreführend. Sie lässt vermuten, dass Papst Gregor I. Schöpfer der Gesänge sei. Deren Wurzeln liegen jedoch schon in der Frühzeit der Kirche und knüpfen an jüdische Traditionen an. Gregor der Große, der im sechsten Jahrhundert zum Oberhaupt der katholischen Kirche gewählt wurde, ließ die alten Gesänge sammeln und bewahrte sie so vor dem Vergessen. Die Karolinger führten sie schließlich im fränkischen Reich ein. Dort wurden sie dem eigenen liturgischen Repertoire angepasst. Der Gregorianische Choral, wie wir ihn heute kennen, ist eine Mischform, die zwischen 760 und 790 entstand und eine wechselvolle Geschichte erlebt hat.

Durch die aufkommende Mehrstimmigkeit verschwand der einstimmige kirchliche Gesang im 17. und 18. Jahrhundert fast völlig aus den Kirchen. Im 19. Jahrhundert machten sich die Benediktinermönche im französischen Solesmes daran, alte Handschriften zu vergleichen. Sie gingen gründlich und wissenschaftlich zu Werke und rekonstruierten eine Version des Chorals, von der sie annahmen, dass sie der ursprünglichen Fassung ziemlich nahekommen könnte. Das Ergebnis ist mehr als nur »Musik zum Chillen«. »Wenn ich mich von der Musik betreffen lasse und mich mit dem Text auseinandersetze, dann passiert in mir auch etwas«, behauptet Schwester Lydia.

Aber was passiert da eigentlich? Im Hildegard-Kloster kommen die Menschen von weither, um die Schwestern singen zu hören. Sie sei danach »anders getaktet«, sagt eine 57-Jährige, die inzwischen fast alle Stundengebete mitsingen kann. Leicht ist das nicht, denn die Kirchentonarten sind uns fremd geworden und erfordern beim Singen eine andere Technik. »Geerdet« fühle sie sich, behauptet eine andere, deutlich jüngere Frau, obwohl die Musik »so himmlisch« sei. Sie könne noch so gestresst sein, schon nach den ersten Takten der Gesänge schlage ihr Herz ruhiger, »und die Gedanken lösen sich auf«.

Nicht nur im Gregorianischen Choral, auch in der Musik Bachs, so behaupten Kenner wie der Pianist Martin Stadtfeld, liege »unendlich viel Spiritualität« (Rundschau 2009). Er sieht sich »als spirituellen Menschen, der eine Gänsehaut bekommt, wenn er daran denkt, wie wenig wir begreifen von all dem um uns herum – ein Gefühl, das auch Bach gekannt haben dürfte.« Gerade in Konzerten empfindet der Pianist »sehr stark, dass alles einer höheren Macht unterworfen ist.«

Dass Musik uns spirituell berührt, wirkt unabhängig von der Musikgattung und der religiösen Orientierung des Hörers. Klänge können das Bewusstsein verändern und in Trance und Ekstase versetzen.

Musik und Tanz sind die häufigsten Transportmittel auf dem Weg in die ekstatische Vereinigung mit Gott. Um die eigenen Dimensionen zu überschreiten, bedienen sich beispielsweise die Sufis einer Spiralbewegung, die wir auch vom Tanz der Derwische kennen. »Man dreht sich quasi aus dieser Welt ein Stück weit hinaus«, erklärt der Ethnologe und Islamwissenschaftler Jürgen Wasim Frembgen, der selbst zum Islam konvertierte. Zahlreiche Forschungsaufenthalte führten ihn nach Pakistan, ins Kernland der Sufis, »Das Kopfwirbeln oder Kopfdrehen führt zur Ekstase. Ziel ist es, das Ich zu verlassen und in einen Zustand überzugehen, in dem spirituelle Räume betreten werden, in denen eine Begegnung mit dem Göttlichen möglich ist.«

Musik ist wie auch die Sehnsucht nach Spiritualität ein universelles Phänomen. Entwicklungsgeschichtlich war das eine vom anderen lange Zeit kaum zu trennen. In vielen Mythen erscheinen Musik und Instrumente als ein Geschenk der Götter. Bei den Griechen wurden Apoll, Hermes und Pan mit Musik in Verbindung gebracht. Und in Indien wird der Gott Krishna als Flötenspieler dargestellt. Trommeln helfen Schamanen, mit Göttern Kontakt aufzunehmen oder böse Geister zu besänftigen. Und auch die Bibel erzählt, wie David mit seinem Harfenspiel den zornigen Saul zur Besinnung brachte. Überhaupt ist die Musik aus dem Judentum kaum wegzudenken. Von dort aus hatte sie es leicht, christliche Gottesdienste zu bereichern. Martin Luther wies ihr sogar den höchsten Rang unter den Künsten zu. Ein Leben ohne Musik war für den Reformator nicht vorstellbar. Christlicher Glaube und die Musik gehörten seinem theologischen Verständnis nach untrennbar zusammen.

Auch Winfried Lernet ist von der musikalischen Tradition der evangelischen Kirche geprägt. Lange spielte er im Posaunenchor mit und kann sich durchaus an »zutiefst berührende spirituelle Erlebnisse« erinnern, vor allem zu den Feiertagen. Karfreitag mit der Erinnerung an den Tod Jesu jagte ihm regelmäßig »einen ehrfurchtsvollen Schauer« über den Rücken. In der Mitte seines Lebens setzte ein Wandlungsprozess ein. Nun begann er sich für andere spirituelle Wege zu interessieren: Schamanismus, Reiki, Buddhismus, Hinduismus. In der Kirche fehlte ihm zunehmend der ganzheitliche Aspekt. Außerdem hatte er den Eindruck, »dass die konservativen Strömungen mit der Fokussierung auf Jesus wieder stärker wurden«. Er spürte, dass sich etwas in ihm veränderte, beruflich und spirituell. Über 35

Jahre war Winfried Lernet im IT-Geschäft tätig, bevor er sich zum Klangtherapeuten ausbilden ließ. In seinem Haus im mittelfränkischen Schnaittach befinden sich eindrucksvolle, teils selbst gebaute Gongs und Klangschalen, die er in Einzel- oder Gruppensitzungen erklingen lässt (http://www.winfried-lernet.de). Zweimal im Jahr leitet Winfried Lernet auch ein Klangevent in Erlangen. Sechs Klangtherapeuten spielen dann gleichzeitig.

Die Wirkung der Gongs und Klangschalen beschreibt Winfried Lernet als »spirituelle, fast heilige Erfahrung«. Nicht nur das Ohr nimmt die Klänge war; die Schallwellen durchströmen den ganzen Körper, der zu vibrieren beginnt. Archaische Instrumente wie Gongs und Klangschalen folgen den sogenannten natürlichen Tönen. Das erzeugt einen anderen Effekt, als wir es von harmonisch gestimmten Instrumenten kennen. Beim Anschlagen sind ein tieferer Grundton und mehrere Obertöne zu hören. Während sich die Aufmerksamkeit auf das Verklingen des Tones richtet, schaltet das Gehirn auf Meditations-Modus. Die Klänge können in tiefste Entspannung versetzen. Die Wahrnehmung verändert sich stark. »Man betritt eine andere Dimension«, sagt Lernet. »Da brauche ich den geschützten Raum der Kirche nicht. Kirche ist für mich letztlich überall.«

Sitzen und schauen – Spiritualität und Reisen

Zu Hause kommt Frau M. nur schwer aus dem Bett. Im Kloster ist das anders. Hier ist der Tag klar geregelt. Um fünf Uhr heißt es Aufstehen. Denn schon um 5.35 Uhr ruft die Glocke zur

Laudes, zum Morgengebet. Danach wird schweigend gefrühstückt. Von acht bis zwölf ist Arbeitszeit. In den letzten Tagen hat Frau M. in der Küche und beim Putzen geholfen. Heute steht Gartenarbeit auf dem Programm. Das Unkraut muss gejätet und die Johannisbeeren müssen geerntet werden. Frau M. kriecht tief unter die Büsche, um auch die Beeren an den schwer zugänglichen Stellen zu pflücken. Um zwölf Uhr ist Zeit für das Mittagsgebet, gefolgt vom gemeinsamen Mittagessen. Anders als die Schwestern hat Frau M. den Nachmittag zur freien Verfügung. Meist geht sie dann am See spazieren. Um 17.45 Uhr ist sie wieder zurück, denn dann findet in der Klosterkirche noch vor dem Abendessen die *Vesper*, das Abendgebet, statt. Die *Komplet*, das Nachtgebet, beendet um 19.45 Uhr den Klostertag.

Ein so streng geregelter Tagesablauf ist eine völlig neue Erfahrung für Frau M. Sie ist Gast im Kloster. Gäste müssen nicht an den Stundengebeten teilnehmen. Auch die Mitarbeit ist nicht Pflicht, allerdings erwünscht. Frau M. hilft gern. »Orientierungslos, depressiv und medienabhängig« sei sie in letzter Zeit gewesen, gesteht die Informatikerin. Auf der Suche nach Disziplin und Stille entschied sie sich für den Klosterurlaub bei Benediktinerinnen.

Benediktinische Spiritualität steht seit vielen Jahren hoch im Kurs, und das nicht nur unter Katholiken. Schwester Rachel glaubt zu wissen, woran das liegt: »Benedikt hatte einen ganz geerdeten Realtiätssinn. Er war allem Extremen abhold. Er predigte weder die extreme Askese noch extremes Fasten noch extremes Arbeiten, sondern das rechte Maß in allen Dingen. Die Weisheit der Benediktsregel ist lebensfördernd, und das spüren die Menschen.«

In den letzten Jahren interessieren sich zudem immer mehr Führungskräfte für einen zeitlich begrenzten Klosteraufenthalt: Menschen, die mitten im Leben stehen und plötzlich feststellen, dass all das, was sie erreicht haben, doch nicht alles sein kann. Sie sind auf der Suche nach Sinn und manchmal auch nach einem guten Rat. Zusammen mit den Schwestern hat Frau M. herausgefunden, dass sie zu hohe Anforderungen an sich selbst stellt. Jetzt möchte sie ihr Leben grundlegend ändern. Schwester Rachel dämpft ihren Feuereifer. »Nicht zu viel auf einmal vornehmen«, mahnt sie und weist darauf hin, dass das A und O in einer guten Tagesstruktur liegt. Schwester Rachel ist eine herzliche, zupackende Frau, der man gerne glaubt, was sie sagt. Sie wirkt weder abgehoben noch weltfremd. Ein Verlust der Spiritualität hängt ihrer Ansicht nach auch damit zusammen, dass viele Menschen keine klare Tagesordnung haben. »Wer Spiritualität in seinen normalen Alltag integrieren möchte, der kann nicht warten, bis er mal Zeit dazu findet, sondern er muss sich die Zeit dazu nehmen – auch wenn es sich nur um wenige Minuten handelt. Dazu ermuntere ich immer wieder.« Schwester Rachel ist überzeugt, dass feste Tagesrhythmen nicht nur Sicherheit vermitteln, sondern auch eine bessere Planung ermöglichen und Zeit sparen. Denn wer sich täglich neu entscheiden muss, wie er seinen Tag gestalten will, vergeudet unnötig Energie. Frau M. will diese Erkenntnis in ihren Alltag mitnehmen.

Die Nachfrage nach Klosteraufenthalten boomt. Allein in Deutschland öffnen rund 300 Klöster ihre Pforten für Außenstehende. Und auch im Ausland bieten Mönche und Nonnen erschöpften Menschen ihre Gastfreundschaft an. Nicht anders sieht es in buddhistischen Klöstern aus, die dem spirituell Suchenden ebenfalls eine Heimat auf Zeit bieten.

Nicht alle Abteien sind jedoch so spirituell, wie das Ambiente es vermuten lässt. Manche nehmen Urlauber aus rein wirtschaftlichen Interessen auf und besitzen Gästehäuser, die eher an ein Hotel erinnern. Andere Klöster dagegen bringen Touristen in schlichten Zellen unter und binden sie in den Tagesablauf der Ordensleute ein.

Für manche ist die ungewohnte Stille hinter dicken Klostermauern erst einmal ein Schock. »Der zweite Tag ist am schlimmsten«, weiß Frau M. »Zu Hause gucke ich über die Müdigkeitsgrenze hinaus noch in den Fernseher oder in den Computer, aber hier gibt es ja keine Ablenkungen.« Ihr Smartphone hat Frau M. bei ihrer Ankunft im Kloster ausgeschaltet. Anstatt sich wie sonst mit Musik aus dem Kopfhörer berieseln zu lassen, singt sie nun selbst. Sind die ersten Entzugserscheinungen überwunden, setzt im gleichförmigen Rhythmus der Tage der Erholungseffekt ein. Frau M. ist überzeugt, dass das Klosterleben auf Zeit entspannender und inspirierender sein kann als ein Urlaub am Meer.

Spiritueller Tourismus liegt im Trend, und das schon seit den 90er-Jahren. Damals wurde das Angebot noch milde belächelt. Heute macht sich niemand mehr darüber lustig, weil diese Nische ein wichtiger Wirtschaftsfaktor geworden ist. Diese Reiseform bedient eine wachsende Sehnsucht des modernen transreligiösen Menschen, der Spiritualität ganz praktisch und leibhaftig erfahren möchte. Die Reisen führen zu religiös bedeutsamen Orten wie Jerusalem oder Rom oder an mystische Kraftorte.

Pilgern galt ohnehin schon immer als spirituelles Reiseerlebnis. Menschen aller Konfessionen und auch Konfessionslose erfahren, wie sie mit jedem Kilometer Abstand vom gewohnten Alltag gewinnen. Pilgern ist ein perfektes Sinnbild für das (spirituelle) Aufbrechen, Unterwegssein und Ankommen. Und immer wieder werden neue Pilgerwege ausgewiesen, so zum Beispiel 2017 der 400 Kilometer lange Lutherweg. Wer lieber mit dem Rad unterwegs ist, findet in den zahlreichen Radwegekirchen nicht nur die Möglichkeit zur inneren Einkehr, sondern oft auch Pflaster, Flickzeug und Toilette.

»Da fährst du durch ein Brandenburger Dorf, und dann steht da so eine kleine alte Kirche, und dann gehst du da rein. Ich schaue dann nicht nur eine alte Kirche an, sondern dann ist das eine spirituelle Erfahrung«, sagt Herr W. Nachdem er aus der Integrierten Gemeinde ausgetreten war (s. Abbrüche), gestaltete sich seine spirituelle Neuorientierung schwierig. Und sie ist immer noch nicht abgeschlossen. Ganz langsam macht Herr W. ungewohnte, völlig andere spirituelle Entdeckungen, die ihn in ehrfürchtiges Staunen versetzen: »In diesem alten Zisterzienserkloster Chorin ist in die Ruine nur ein Holzdach eingezogen und dann ist da dieser kahle, halb offene Raum, der als Konzertsaal benutzt wird – das fasziniert mich. Für mich ist das ein Sinnbild der Kirche, wie sie sein müsste: so nackt. So einfach. Da kann ich sitzen und kann schauen und mache, wenn man so will, eine spirituelle Erfahrung. Meine Frau und ich haben gerade bei den Fahrradtouren wunderschöne Begegnungen erlebt – Begegnungen mit einem Bild, einem Kunstwerk, mit einer Kirche, mit der Natur oder auch mit Menschen. Und so sage ich mir: Ich muss jetzt gar nicht unbedingt krampfhaft irgendeine neue religiöse

Heimat suchen, sondern ich kann mit offenen Augen durch die Welt gehen und alles bewusst wahrnehmen. Und das nehme ich mehr oder minder meditativ, manchmal auch rational auf.«

Am Quell der Schöpfung – Spiritualität und Natur

Derzeit geistert ein sonderbares Wort durch die Medien: Waldbaden. Ein neuer Trend ist geboren, mit dem sich offenbar auch Geld verdienen lässt. Die Idee kommt unüblicherweise nicht aus Amerika, sondern aus Japan. Dort heißt die Disziplin Shinrin-yoku und wird wissenschaftlich untersucht. In Japan gilt das Waldbaden bereits als anerkannte Therapie, zum Beispiel gegen Krebs. Und auch in Europa haben zahlreiche ForscherInnen nun ein neues Betätigungsfeld gefunden. Erst wurden die Wälder abgeholzt; nun wird händeringend eine Anhäufung von Bäumen gesucht, die sich als »Heilwald« vermarkten lässt. Natürlich hilft der Wald auch gegen Stress, sagen die Waldexperten. Die Waldspaziergänge werden deshalb mit Atemübungen und Meditation verbunden. Ab und zu dürfen sich die Waldbadenden auf einen Baumstumpf setzen und Blätter, Gerüche, Geräusche bewusst wahrnehmen. So kann der Wald im Idealfall zu einer spirituellen Erfahrung werden.

Aber – ganz ehrlich – wussten wir das nicht schon immer irgendwie? Mystiker wie Johannes Tauler schon. Am Anfang seines dreigeteilten spirituellen Weges, der *jubilacio*, plädiert er für das Genießen und für die Freude an Gottes Schöpfung. In der Natur gibt sich Gott den Menschen zu erkennen. Tauler beschreibt das wie folgt: »Zum ersten Grad, dem Jubel, gelangt man, indem man eifrig beachtet, wie Gott uns köstliche Liebeszeichen in den Wundern des Himmels und der Erde gegeben, wie er eine Fülle von Wohltaten uns und allen Geschöpfen erwiesen; und ferner, indem man erwägt, wie alles grünt und blüht und Gottes voll ist und wie Gottes unbegreifliche Milde alle Geschöpfe mit seinen großen Gaben überschüttet hat; (…) Und wenn dies der Mensch in liebevollem Erkennen betrachtet, so entsteht in ihm eine große, wirksame Freude« (Predigten I, 303).

Auch für Hildegard von Bingen war die *viriditas*, die »Grünkraft«, ein zentrales Element ihrer Mystik. Sie durchdringt die gesamte Schöpfung. Sie ist aber auch jene Lebenskraft, die im spirituellen Bereich ständig erneuernd wirkt: »Ich aber bin die milde Luft aller keimenden Grüne. Blumen und Früchte jeglicher Tugend lasse ich sprossen …« (Führkötter, Hildegard, 136).

Das neu erwachte (spirituelle) Interesse an der Schöpfung hängt ohne Zweifel auch mit der Enzyklika *Laudato si'* zusammen, in der Papst Franziskus unter anderem schreibt: »Das Universum entfaltet sich in Gott, der es ganz und gar erfüllt. So liegt also Mystik in einem Blütenblatt, in einem Weg, im morgendlichen Tau, im Gesicht des Armen« (Laudato si', 233). Ein Mensch, der aus dieser Haltung lebt, wird nicht nur sich selbst verändern; er wird sich gegen Umweltzerstörung wehren und sich für einen respektvollen, verantwortungsbewussten Umgang mit der Schöpfung einsetzen.

Vor allem die Extreme der Natur üben eine starke Anziehungskraft auf uns aus: hohe Berge, weites Meer, tiefe Wälder. Wir brauchen die Natur. Wir sind ein Teil der Schöpfung. Instinktiv spüren wir einen Mangel, wenn wir uns der Natur über einen längeren Zeitraum entfremden. Und so entdecken immer mehr Menschen auch ihren eigenen Garten als Ort der Begegnung mit dem Göttlichen. »Ich war für einen kleinen Pfarrgarten im Kölner Norden zuständig geworden und entdeckte mit Staunen, wie erholsam, entspannend und erfreulich die Gartengestaltung sein kann. (…) Gleich neben der Backsteinmauer der Kirche hatte dieser Garten eine spirituelle Ausstrahlung, und ich verstand, warum die lauschigen Vorhöfe mancher alten Kirchen mit plätschernden Springbrunnen auch ›Paradies‹ genannt werden. Nach 18 Jahren als Pfarrer dieser Kirche habe ich die Abschiedstränen vor allem im Garten vergossen. Ich hätte dort wohl mit geschlossenen Augen jede Pflanze finden und benennen können. Offenbar war der Garten zur Symbolfläche geworden für die ans Herz gewachsene Gemeinde und ihre so verschiedenen Menschen« (Dane, Garten, 9). Eine solche »geerdete Spiritualität« wünscht sich Frau A. auch. Die Journalistin lebt mitten in der Großstadt. Ihr Balkon hat nur einen integrierten Blumenkasten aus Beton. »Wenn es mir schlecht geht, stecke ich die Finger in die Erde. Dann spüre ich, dass neue Energie in mich hineinströmt«, behauptet sie.

Der Klangtherapeut Winfried Lernet fühlt sich seit jeher eng mit der Natur verbunden. »Wenn ich achtsam in die Natur gehe, dann habe ich viel mehr spirituelles Erleben als im Rahmen eines Gottesdienstes, der immer dem gleichen Muster folgt«, so Lernet. Seiner Meinung nach kommt die Natur in der Kirche immer noch zu kurz. Das kann der katholische Theologe, Philosoph und Biologe Rainer Hagencord nur bestätigen: »In der Theologie und in der Kirche haben wir zwei große theologische Themen: Erlösung und Schöpfung. Die Theologie hat sich seit der Aufklärung vor allem um das Thema Erlösung gekümmert. Und dieses Erlösungsthema wird fast ausschließlich auf den Menschen bezogen – also anthropozentrisch.« Seit Jahren setzt sich Rainer Hagencord für eine ökologische Landwirtschaft ein. Doch das allein reicht ihm nicht. Ihm geht es darum, das Verhältnis zwischen Mensch und Tier von Grund auf neu zu bestimmen, und zwar mithilfe der Theologie, der Verhaltensbiologie und der Evolutionstheorie. Deswegen gründete er 2009 das Institut für Theologische Zoologie (http://www.theologische-zoologie.de/home).

Das ITZ, wie die Einrichtung kurz genannt wird, ist der Philosophisch-Theologischen Hochschule in Münster angeschlossen. Es ist das erste Institut, das einen Studiengang bietet, der Theologie und Naturwissenschaften kombiniert. Zwei bekannte Persönlichkeiten sind ebenfalls untrennbar mit den Anfängen des Instituts verbunden: Der inzwischen verstorbene Schweizer Priester und Mitgründer Anton Rotzetter kämpfte schon lange zuvor für eine andere Sicht auf die Schöpfung. Und Jane Goodall, die bekannte UN-Friedensbotschafterin und Primatologin, übernahm die Schirmherrschaft über das Institut. Für Verunsicherung sorgt nach wie vor der Begriff »Theologische Zoologie«. Denn mit Zoologie im eigentlichen Sinne hat diese Fachrichtung nichts zu tun. *Zoon* ist griechisch und bedeutet »das Lebendige«. Hagencord geht es »um eine theologische Würdigung des Lebendigen, oder anders ausgedrückt, der mehr als menschlichen Welt.«

In Zusammenarbeit mit dem Haus Mariengrund in Münster (https://www.haus-mariengrund.de) bietet das Institut für

Theologische Zoologie Workshops und Exkursionen an. Hier können Menschen durch den unmittelbaren Kontakt zur Natur lernen, sich mit allem verbunden zu fühlen, was lebt. Die Arbeit im Heilkräuter- und Gemüsegarten soll zu einer achtsamen Spiritualität anleiten und zugleich den Blick auf bestimmte Probleme lenken. Denn »die Liebe zur Schöpfung darf an der Fleischtheke nicht aufhören«, so Hagencord.

Bewusstseinswandel fängt bei Kindern und Jugendlichen an. Deswegen hat das Institut für Theologische Zoologie Unterrichtsmaterialien zur »Christlichen Tierethik« für die Ober- und Mittelstufe herausgegeben. Schließlich wimmelt es in der Bibel nur so von Tieren aller Art. Trotzdem werden sie von der klassischen Theologie hartnäckig ignoriert, sieht diese doch den Menschen als die Krone der Schöpfung. Diese Einstellung machte sich breit, als die beginnende Neuzeit das Mittelalter ablöste. Große Denker wie Descartes erklärten Tiere zu seelenlosen Automaten und den Menschen zum Herrscher über die Natur – mit fatalen Folgen. Das Bibelwort »Macht euch die Erde untertan« sei damals falsch interpretiert worden, meint Rainer Hagencord. Das habe dazu geführt, dass unsere Umwelt zerstört und viele Arten ausgerottet wurden. Hagencord sieht in der göttlichen Anweisung vielmehr den Auftrag, bewahrend und verantwortungsbewusst mit der Schöpfung umzugehen. Hagencord will zurück zu einer »Theologie mit dem Gesicht zum Tier«, wie er es nennt. Eine solche Theologie klammert die Schöpfung nicht aus, wenn es um die großen Fragen der Menschheit geht: Wie verstehe ich mich selbst? Wie will ich leben? An welchen Gott glaube ich?

»Ich glaube an einen Gott, der Liebhaber des Lebens ist, und an einen Gott, der auch einen Bund schließt mit den Tieren«, sagt

Hagencord. Deswegen setzt das ITZ auf heilsame Begegnungen mit Tieren. Esel haben es Rainer Hagencord besonders angetan. Sie spielen in der Bibel eine wichtige Rolle. Er hat sich deshalb etwas ganz Spezielles einfallen lassen: Im Haus Mariengrund bietet er Exerzitien mit Eseln an. Dass Esel stur seien, weist er weit von sich. »Esel haben eine andere Weise der Wahrnehmung. Ich meditiere seit Langem und habe mich sehr intensiv mit den Meditationsformen anderer Religionen beschäftigt. In allen Exerzitien geht es nicht darum, sich der Wirklichkeit zu entziehen, sondern wach zu sein, achtsam zu sein. Das ist die Spur, die ich in allen Religionen finde. Und wo lerne ich das? Ich lerne das von Tieren und von Kindern. Der Esel ist immer ganz Ohr, ganz Auge, ganz Nase. Der Esel ist immer ganz Esel; er muss nicht Esel werden. Ich musste erst Rainer Hagencord werden.«

Immer wieder sorgt Hagencord für Aufsehen, z. B. wenn er behauptet, auch Tiere kämen in den Himmel. Doch dafür hat er inzwischen päpstliche Rückendeckung erhalten. Schließlich schreibt Papst Franziskus in seiner Enzyklika *Laudato si'*: »Das ewige Leben wird ein miteinander erlebtes Staunen sein, wo jedes Geschöpf in leuchtender Verklärung seinen Platz einnehmen (…) wird« (Laudato si', 243). Hagencord sieht darin eine Bestätigung, dass »auch Tiere nach ihrem Tod nicht ins Nichts« fallen. »Wenn Gott Freude am Leben hat, dann Freude an allem Leben.«

Die Enzyklika hat der Theologischen Zoologie enormen Aufwind verliehen. Das 2015 veröffentlichte Lehrschreiben macht es dem Institut für Theologische Zoologie nun leichter, seine Themen zu platzieren. Hagencord möchte, dass in den Predigten, in der Katechese und auch in der Eucharistiefeier der Finger auf ökologische Wunden gelegt wird und globale Zusammenhänge deutlich gemacht werden. Dabei ist das Institut weit davon entfernt, nur durch die religiöse Brille zu blicken. Theologische Zoologie muss zugleich politisch sein, so Hagencord: »Dadurch, dass die EU-Fischerei an der Westküste Afrikas alles leer fischt, nimmt man den Fischern und Fischerinnen die Lebensgrundlagen. Wenn man gleichzeitig noch das hochsubventionierte billige Hühnerfleisch auf die Märkte Senegals und Gambias bringt, müssen die Bäuerinnen und Bauern, die mit ihren Hühnern ihre Familien ernähren wollen, die Läden schließen, und die Kinder sitzen auf den Schiffen nach Lampedusa. Wenn wir heute die Mahlgemeinschaft, die Eucharistie feiern, dann müssen wir uns fragen, woher wir denn diese Gaben der Schöpfung haben und mit wem wir sie teilen. Die Eucharistie könnte hochpolitisch werden. Aber wenn die Kirche weiterhin so unpolitisch verharrt, dann wird sie irgendwann so bedeutungslos, dass niemand mehr etwas von ihr erwartet.«

Abwarten und Tee trinken: Porträt III

Das letzte Porträt erzählt von Gerhard Staufenbiel und warum er mitten in der Fränkischen Schweiz ein japanisches Teehaus errichtete.

Niemand würde im idyllischen Oberrüsselbach am Rande der Fränkischen Schweiz ein japanisches Teehaus vermuten. Aber warum nicht? Der Platz, umgeben von so vielen Kirschbäumen, könnte nicht besser passen und muss zur Blütezeit ein Traum sein. Weit reicht der Blick über das Tal bis nach Nürnberg und Erlangen. Selbst wenn es hier keine exotische Teeoase gäbe, wäre der Ort an sich schon ein spirituelles Erlebnis.

Die Klingel ruft als erstes Kin, den kleinen Hund des Teelehrers, herbei, der bald darauf höchstpersönlich in einem blauen Zengoromo erscheint, einer Art Kimono aus schwerem Stoff. Der freundliche ältere Mann mit weißem Haar ist kein Japaner, sondern Deutscher und heißt Gerhardt Staufenbiel. Ursprünglich war er Physiker am Max-Planck-Institut. Dann wandte er sich der Philosophie und Altphilologie zu und arbeitete später als Abteilungsleiter der Volkshochschule München. 2005 erschuf er sich in Oberrüsselbach ein Stück Japan mitten in Deutschland.

Der Teelehrer geleitet mich durch seinen Garten, in dem japanische Pflanzen gedeihen, zwischen denen ein kleiner Buddha und andere Skulpturen hervorlugen. Es gibt auch einen Brunnen und das obligatorische Wasserbecken, an dem sich die TeilnehmerInnen vor der Zeremonie Hände und Mund waschen können. Schon der Gartenpfad gehört zur Vorbereitung des Teewegs. Hier soll der Gast seinen Alltag hinter sich lassen.

Das ehemalige Schwimmbad im Erdgeschoss des Hauses hat Staufenbiel zum Meditationsraum umfunktioniert: Tatamimatten auf dem Boden, Kalligrafien und Tuschezeichnungen an den Wänden, Regale mit Teegeschirr und Musikinstrumenten lassen nicht vermuten, dass dieser Raum einst einem anderen Zweck diente. Gerhardt Staufenbiel greift zu einer Bambusflöte, der *Shakuhachi*. Er hat sie selbst gebaut und entlockt ihr die typischen geheimnisvollen Töne. Sie haben dasselbe Ziel wie die Zubereitung des Tees: Achtsamkeit und Meditation. Was zählt, ist dieser eine Ton im Hier und Jetzt. Die Zenflöte gehört zu den ältesten Instrumenten der Menschheit. Wer möchte, kann sich von Staufenbiel zeigen lassen, wie es geht. Geduld braucht man allerdings schon. »Meistens dauert es ein Vierteljahr, bis man einen vernünftigen Ton rausbringt.«

Auch den *Chado*, die Teebereitung, lernt man nicht von heute auf morgen. Staufenbiel lädt mich in das eigentliche Teehaus ein: ein niedriger winziger Raum. Wie in der Geburtskirche in Betlehem muss man sich bücken, um ihn zu betreten. Tatsächlich gebe es einen Zusammenhang, so Staufenbiel. Der sei zwar umstritten, aber nicht undenkbar. So heißt es, Teemeister Rikyu, auf den die drei größten Teeschulen in Japan zurückgehen, habe den Missionar und Weggefährten Loyolas, Franz Xaver, kennengelernt und von ihm das Bibelwort gehört: »Eher geht ein Kamel durch ein Nadelöhr, als dass ein Reicher in das Reich Gottes gelangt.« Daraufhin habe Rikyu die Eingangstür zum Teepavillon so angelegt, dass man ihn nicht in aufrechter Haltung betreten konnte. Überhaupt erinnert die Teezeremonie streckenweise an eine katholische Messfeier, mit der sich Staufenbiel nur allzu gut auskennt. »Ich war katholischer Christ«, erzählt er. »Natürlich!«, setzt er zur Bekräftigung hinterher. »Ich bin ziemlich firm in Bibelexegese.« Die Heilige Schrift habe ihn sehr fasziniert. Allerdings störte ihn »die Glorifizierung des Leides« im Christentum. Auch der Buddhismus leugnet das Leid nicht, »aber er bietet Methoden, wie ich hier und jetzt nicht durch Gottes Gnade, sondern durch meine eigenen Anstrengungen aus dem Leiden herauskomme.« Gerhardt Staufenbiel ist aus der Kirche ausgetreten. Er ist kein Christ mehr. Aber er fühlt sich auch nicht als Buddhist. Er ist, was er ist: Gerhardt Staufenbiel.

Ein Kurs an der VHS wurde zum Schlüsselerlebnis. Staufenbiel hielt einen Vortrag über das Alte Testament und hörte sich selbst »ganz verwundert« zu, weil ihm in dem Moment klar

211

wurde, welch breiten Raum das Thema Hass in der Schrift einnimmt. Schlagartig wurde ihm klar, dass das Christentum nicht mehr sein Weg war. Einer der Theologen, mit denen er sprach, reagierte verständnislos: »Jetzt wollen die Leute plötzlich spirituelle Erfahrungen machen. Da könnte ja jeder kommen! Die Offenbarung ist längst abgeschlossen!«

Gerhardt Staufenbiel beschäftigte sich mit Zen, las viele Bücher zum Thema und blieb doch unbefriedigt. Er konnte sich des Eindrucks nicht erwehren, dass »einer vom anderen abschreibt«. Er wollte es genau wissen und entschied sich, einen der Zen-Wege praktisch zu gehen. Als die japanische Teeschule *Urasenke* im Englischen Garten ein Teehaus eröffnete, meldete er sich tags darauf als Schüler an, um die Kunst des *Chado*, der japanischen Teebereitung, von der Pike auf zu lernen. Dann wurde er selbst Teelehrer und später sogar Präsident des Teehauses. Inzwischen hat er seinen eigenen Teeweg gefunden, denn Staufenbiel wäre nicht Staufenbiel, wenn er nicht ständig den Sinn und Zweck des Ganzen hinterfragen würde. Er hasst es, sich in eine Schublade pressen zu lassen und starre Regeln zu kopieren. »In Japan macht man entweder Tee oder *Shakuhachi*«, erklärt er. Staufenbiel kümmert das nicht; er kombiniert beides und bläst die Zen-Flöte auch mal während der Teezeremonie. »Man muss entscheiden, was wichtig und was nur Folklore ist«, sagt er. Deswegen besteht er auch nicht auf der klassischen Sitzhaltung. »Der Zen ist in Japan groß geworden, weil er aus China kam und japanisch geworden ist.« Und genauso müsse man ihn an deutsche Verhältnisse anpassen. Trotzdem folgt der Ablauf des Teewegs einem bestimmten Ritual, das aus unzähligen, genau vorgegebenen Einzelschritten besteht. Bei Gerhardt

Staufenbiel wirkt alles mühelos und leicht. Das Geheimnis liege in der Synchronisation von Bewegung und Atmung, verrät er. Wenn er ausatmet, bewegt sich sein Körper fast von selbst zur Teeschale. Atmet er ein, sitzt er wieder aufrecht auf den Fersen. »Wir atmen nicht mit dem Bauch, sondern mit dem Becken.« *Wu wei*, Nicht-Tun, lautet die chinesische Philosophie, die dahintersteckt. Loslassen. Den Tee geschehen lassen. Die Bewegung geschehen lassen. Sieht einfach aus, ist es aber nicht.

Es ist nicht irgendein Grüntee, der für den *Chado* verwendet wird. Das Matchapulver ist von höchster Qualität. Unter hohem Aufwand wird es aus der kostbaren *Tencha*-Teesorte gewonnen. Staufenbiel lässt den Tee direkt von einer Plantage aus Japan kommen. »Dieser Tee ist Medizin«, sagt er. »Der macht wach und trotzdem ruhig.«

Der Teeweg habe ihm geholfen, zentrierter und gelassener zu werden, behauptet Gerhard Staufenbiel. Und das nimmt man ihm gerne ab. »Früher habe ich immer gesagt: Ich kann nur fünf Dinge gleichzeitig machen. Heute sage ich: Ich kann nicht zwei Dinge gleichzeitig machen. Ich tue das, was jetzt im Moment getan werden muss. Und wenn ich es nicht schaffe, dann mache ich es morgen. Früher war ich ehrgeizig und unduldsam. Heute lasse ich mich von niemandem mehr drängen.«

Funktioniert das mit dem Immer-im-Jetzt-Leben so zuverlässig? Denkt er denn nie an die Zukunft? Staufenbiel zuckt die Schultern, so als wolle er andeuten: Abwarten und Tee trinken!

(Teehaus Myoshinan Gerhardt Staufenbiel, Am Rosenberg 5, 91338 Igensdorf/Oberrüsselbach, www.teeweg.de)

Anhang

Quellennachweis

Böschemeyer, Uwe: Vertrau der Liebe, die dich trägt. Von der Heilkraft biblischer Bilder, München 2009.

Dane, Gerhard: Im Garten kannst du Gott begegnen. Ein spirituelles Erlebnisbuch, Kevelaer 2017.

Des heiligen Dionysus Areopagita ausgewählte Schriften, Bibliothek der Kirchenväter, 2. Reihe, Bd. 2, Kempten/München 1933.

Die Renaissance der Unvernunft. Sehnsucht nach dem Selbst, Die Zeit, Nr. 21/2013.

Epictetus: Epiktets Handbüchlein der stoischen Moral und Das Gemälde des Cebes von Theben, übersetzt und erklärt von Karl Conz, Langenscheidtsche Bibliothek sämtlicher griechischen und römischen Klassiker, Bd. 30, Berlin ca. 1930.

Franziskus: Enzyklika Laudato si'. Die Umwelt-Enzyklika des Papstes, Freiburg 2017.

Führkötter, Adelgundis; Sudbrack, Josef: Hildegard von Bingen, in: Ruhbach, Gerhard; Sudbrack, Josef (Hgg.): Große Mystiker. Leben und Wirken, München 1984.

Grof, Stanislav: Das Abenteuer der Selbstentdeckung, München 1987.

Jäger, Willigis: Über die Liebe, München 2009.

Jäger, Willigis: Wiederkehr der Mystik, Freiburg 2013.

Jung, Carl Gustav: Briefe, Bd. 2, Olten/Freiburg 1971.

Jung, Carl Gustav: Die Dynamik des Unbewußten, Gesammelte Werke, Bd. 8, Olten/Freiburg 1971.

Jung, Carl Gustav: Über die Beziehung der Psychotherapie zur Seelsorge, Gesammelte Werke, Bd. 11, Zürich 1963.

Karimi, Ahmad Milad: Hingabe. Grundfragen der systematisch-islamischen Theologie, Freiburg 2015.

Meuthrath, Annette: Wenn ChristInnen meditieren. Eine empirische Untersuchung über ihre Glaubensvorstellungen und Glaubenspraxis, Berlin/Münster 2014.

Müller, Ernst: Der Sohar. Das heilige Buch der Kabbala. Nach dem Urtext ausgewählt, übertragen u. herausgegeben v. E. Müller. Auf der Grundlage der Ausgabe Wien 1932 neu ediert. Sonderausgabe München 1998.

Nietzsche, Friedrich: Werke in drei Bänden, Bd. 1, München 1954.

Otto, Rudolf: Vom Wege, in: Christliche Welt 15, 1911.

Pianist Martin Stadtfeld in einem Interview mit der Frankfurter Rundschau v. 14.1.2009, https://www.fr.de/kultur/unendlich-viel-spiritualitaet-11504698.html.

Platon, Sämtliche Werke, Bd. 1, Berlin 1940.

Rahner, Karl: Zur Theologie des geistlichen Lebens, Schriften zur Theologie, Bd. VII, Einsiedeln/Zürich/Köln 1966.

Rahner, Karl: Von der Not und dem Segen des Gebetes, Freiburg 1960.

Renz, Monika: Grenzerfahrung Gott. Spirituelle Erfahrungen in Leid und Krankheit, Freiburg 2003.

Schneider, Stefan: Ist Laufen Beten? Spirituelle Dimensionen sportlicher Aktivität und (neuro-)physiologische Dimensionen christlicher Spiritualität, Bonn 2013.

Sedlmeier, Peter: Die Kraft der Meditation, Reinbek 2016.

Tauler, Johannes: Predigten, Bd. II, Einsiedeln/Freiburg 2011.

Tauler, Johannes: Predigten, Bd. II, Einsiedeln/Freiburg 2011.

Vaughan, Frances: Die Reise zur Ganzheit. Psychotherapie und spirituelle Suche, München 1990.

Wilber, Ken: Eros, Kosmos, Logos, Frankfurt a. M. 2001.

Xenophanes von Kolophon: Aus den Sillen, in: Die Fragmente der Vorsokratiker. Griechisch und deutsch von Hermann Diels, Bd. 1, Berlin 1922, S. 59–62.

Serviceteil: Literatur und Links

Literatur zu Johannes Tauler
Tauler, Johannes: Predigten, Band I und II, übertragen und herausgegeben von Georg Hofmann, Einsiedeln/Freiburg, 2011.

Weitere Leseempfehlungen zu den einzelnen Kapiteln
Abbrüche:
Jung, Carl Gustav: Gesammelte Werke, Olten/Freiburg 1971.

Radikalität des Nullpunkts – Die spirituelle Krise in der Lebensmitte:
Nietzsche, Friedrich: Werke in drei Bänden, München 1954.

Sieh an, was du bist – Selbsterkenntnis:
Böschemeyer, Uwe: Unsere Tiefe ist hell. Wertimagination – ein Schlüssel zur inneren Welt, München 2005.

Böschemeyer, Uwe: Vertrau der Liebe, die dich trägt. Von der Heilkraft biblischer Bilder, München 2009.

Böschemeyer, Uwe: Von den hellen Farben der Seele. Wie wir lernen, aus uns selbst heraus zu leben, Salzburg/München 2018.

Kast, Verena: Imagination. Zugänge zu inneren Ressourcen finden, Ostfildern 2012.

Köster, Peter: Zur Freiheit befähigen. Die Geistlichen Übungen des hl. Igantius von Loyola, Würzburg 2017.

Er ist nicht hier – Abschied vom vertrauten Gott:
Benk, Andreas: Gott ist nicht gut und nicht gerecht. Zum Gottesbild der Gegenwart, Ostfildern 2012.

Küstenmacher, Marion; Haberer, Tilmann; Küstenmacher, Werner Tiki: Gott 9.0. Wohin unsere Gesellschaft spirituell wachsen wird, Gütersloh 2010.

Heilsames Erschrecken – Wenn der Glaube nicht mehr trägt:
Benson, Herbert; Klipper Miriam: The Relaxation Response, New York 2000.

Dawkins, Richard: Der Gotteswahn, Berlin 2016.

Frembgen, Jürgen Wasim: Am Schrein des roten Sufi. Fünf Tage und Nächte auf Pilgerfahrt in Pakistan, Frauenfeld 2011.

Grof, Christina und Stanislav: Die stürmische Suche nach dem Selbst. Praktische Hilfe für spirituelle Krisen, München 1991.

Grof, Stanislav: Das Abenteuer der Selbstentdeckung, München 1987.

Karimi, Ahmad Milad: Hingabe. Grundfragen der systematisch-islamischen Theologie, Freiburg 2015.

Karimi, Ahmad Milad: Warum es Gott nicht gibt und er doch ist, Freiburg 2018.

Murken, Sebastian (Hg.): Ohne Gott leben. Religionspsychologische Aspekte des Unglaubens, Marburg 2008.

Renz, Monika: Grenzerfahrung Gott. Spirituelle Erfahrungen in Leid und Krankheit, Freiburg 2003.

Renz, Monika: Hinübergehen. Was beim Sterben geschieht. Annäherungen an letzte Wahrheiten unseres Lebens, Freiburg 2011.

Wehr, Gerhard: Unterwegs zu sich selbst. Abenteuer der Lebensmitte, Kevelaer, 2009.

Frag nicht, wo er wohnt – Im spirituellen Niemandsland:
Johannes vom Kreuz: Die Dunkle Nacht. Vollständige Neuübersetzung. Sämtliche Werke, Bd. 1, Freiburg 2016.

Maasburg, Leo: Mutter Teresa. Die wunderbaren Geschichten, München 2016.

Mutter Teresa: Komm, sei mein Licht! Die geheimen Aufzeichnungen der Heiligen von Kalkutta, München 2007.

Sedlmeier, Peter: Die Kraft der Meditation, Reinbek 2016.

Durchbrüche:
Dyckhoff, Peter: Das Ruhegebet einüben, Freiburg 2017.
Jungclaussen, Emmanuel: Aufrichtige Erzählungen eines russischen Pilgers, Freiburg 2000.

Den Kompass norden – Spiritualität als Orientierungswerkzeug:
Jäger, Willigis: Über die Liebe, München 2009.
Otto, Rudolf: Das Heilige, München 2013.
Peisl, Siegl: Hört die Liebe auf, wenn sie aufhört? Möglichkeiten der tiefenpsychologischen Paartherapie, München 2013.

Trau keinem unter fünfzig – Auf der Suche nach neuen Kraftquellen:
Hoffmann, Christian: Zwischen allen Stühlen, Bonn 1995.

Ein einziges Eins – Von der Sehnsucht nach Verbundenheit:
Rohr, Richard; Ebert, Andreas: Das Enneagramm. Die 9 Gesichter der Seele, München 2017.

Aufbrüche:
Dürckheim, Karlfried Graf: Der Ruf nach dem Meister. Die Bedeutung geistiger Führung auf dem Weg zum Selbst, München 2001.
Jäger, Willigis: Westöstliche Weisheit. Visionen einer integralen Spiritualität, Freiburg 2012.
Jäger, Willigis: Wiederkehr der Mystik, Freiburg 2013.
Scholem, Gershom: Zur Kabbala und ihrer Symbolik, Frankfurt a. M. 1973.

Dem inneren Kompass trauen – Spiritualität im Alltag:
Bochinger, Christoph; Engelbrecht, Martin; Gebhardt, Winfried: Die unsichtbare Religion in der sichtbaren Religion. Formen spiritueller Orientierung in der religiösen Gegenwartskultur, Stuttgart 2009.
Bucher, Anton A.: Psychologie der Spiritualität, Weinheim/Basel 2014.
Enomiya-Lassalle, Hugo M.: Mein Weg zum Zen, München 2018.
Enomiya-Lassalle, Hugo M.: Kraft aus dem Schweigen – Einübung in die Zen-Meditation, München 2012.

Fürst, Walter; Wittrahm, Andreas; Feeser-Lichterfeld, Ulrich; Kläden, Tobias: Selbst die Senioren sind nicht mehr die alten. Praktisch-theologische Beiträge zu einer Kultur des Alterns. Münster/Hamburg/London 2003.

Jäger, Willigis: Wolke des Nichtwissens. Der Klassiker der Kontemplation, Freiburg 2012.

Jäger, Willigis: Kontemplation – ein spiritueller Weg, Freiburg 2012.

Meuthrath, Annette: Wenn ChristInnen meditieren, Berlin 2014.

Sill, Bernhard: Das gute Leben – das Gute leben. Zur Ethik und Spiritualität, Regensburg 2017.

Steiner, Martin; Mösli, Pascal: Meditieren hilft. Eine praktische Einführung für alle, Freiburg 2013.

Im Flow sein – Spiritualität und Arbeit:
Thich Nhat Hanh: achtsam arbeiten achtsam leben: Der buddhistische Weg zu einem erfüllten Tag, München 2019.

Zölls, Doris: Jederzeit erwachen. Zen mitten im Alltag, München 2012.

Mehr Muße, bitte! – Spiritualität und Nichtstun:
Bilgri, Anselm; Henghuber, Gerd: Vom Glück der Muße. Wie wir wieder leben lernen, München 2014.

Nadolny, Sten: Die Entdeckung der Langsamkeit, München 2012.

Schnabel, Ulrich: Muße. Vom Glück des Nichtstuns, München 2012.

Laufen und Beten – Spiritualität und Sport:
Bauer, Michael G.: Die Seele läuft mit. Die meditative Laufschule für Fitness und innere Harmonie. München 2011.

Jansen, Petra; Seidl, Florian; Richter, Stefanie: Achtsamkeit im Sport, Heidelberg 2018.

Parent, Joseph: Zen-Golf. Das mentale Spiel meistern, München 2009.

Parucha, Norbert: Meditatives Wandern. Bewusste und achtsame Übungen in der Natur, Berlin 2015.

Radford, Sholto: Gehen. Der Weg zu einem achtsameren Leben, Stuttgart 2018.

Klang als Religion – Spiritualität und Musik:
Frembgen, Jürgen Wasim: Nachtmusik im Land der Sufis. Unerhörtes Pakistan, Frauenfeld 2010.

Häfner, Walter: Das Geheimnis meiner Klangtherapie, Fichtenau 2017.

Klöckner, Stefan: Kleiner Wegweiser durch den Gregorianischen Choral, Münsterschwarzach 2015.

Sitzen und schauen – Spiritualität und Reisen:
www.klosterreisen.de

www.spiritueller-tourismus.de

www.pilger-weg.de

www.lutherweg.de

www.radwegekirchen.de

Am Quell der Schöpfung – Spiritualität und Natur:
Dane, Gerhard: Im Garten kannst du Gott begegnen. Ein spirituelles Erlebnisbuch, Kevelaer 2017.

Franziskus: Laudato si'! Die Umwelt-Enzyklika des Papstes, Freiburg 2015.

Hagencord, Rainer: Die Würde der Tiere, Gütersloh 2011.

Hagencord, Rainer: Diesseits von Eden, Regensburg 2009.

Miyazaki, Yoshifumi; Shinrin, Yoku: Heilsames Waldbaden. Die japanische Therapie für innere Ruhe, erholsamen Schlaf und ein starkes Immunsystem, München 2018.

Toporowsky, Georg: Spirituelle Auszeit im Wald, Freiburg 2017.

Achtsamer Umgang mit der inneren Stimme

160 Seiten | Kartoniert
ISBN 978-3-451-03104-5

Dieses Buch ist ein Wegweiser für einen sanften und achtsamen Umgang mit unserem Herzen. Unterstützt durch Meditationen und Körperübungen erfahren die Leser, wie sie ihr Herz zu einem kraftvollen Energiezentrum machen, wie sie Liebe in sich aktivieren und zugleich ihr Herz zur Ruhe bringen können. Es ist an der Zeit, zur Weisheit des Herzens zurückzukehren. Indem wir den göttlichen Funken in unserem Herzen entfachen, finden wir Frieden.

In jeder Buchhandlung!

HERDER

www.herder.de